中国城市经济论丛

# Urbanization
Development and the Adjustment of Rural Industrial Structure

# 城镇化发展与农村产业结构调整

杨 钧/著

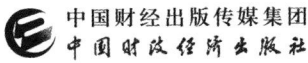

中国财经出版传媒集团
中国财政经济出版社

图书在版编目（CIP）数据

城镇化发展与农村产业结构调整／杨钧著.—北京：中国财政经济出版社，2019.11
（中国城市经济论丛）
ISBN 978-7-5095-9340-0

Ⅰ.①城… Ⅱ.①杨… Ⅲ.①城市化-研究-中国②农村-产业结构调整-研究-中国 Ⅳ.①F299.21②F321

中国版本图书馆 CIP 数据核字（2019）第 239061 号

责任编辑：胡 懿　　　　责任校对：徐艳丽
封面设计：王 颖

中国财政经济出版社 出版

URL：http：//www.cfeph.cn
E-mail：cfeph @ cfeph.cn

（版权所有　翻印必究）

社址：北京市海淀区阜成路甲 28 号　邮政编码：100142
营销中心电话：010-88191537
北京财经印刷厂印刷　各地新华书店经销
710×1000 毫米　16 开　11 印张　180 000 字
2019 年 11 月第 1 版　2019 年 11 月北京第 1 次印刷
定价：50.00 元
ISBN 978-7-5095-9340-0
（图书出现印装问题，本社负责调换）
本社质量投诉电话：010-88190744
打击盗版举报热线：010-88191661　　QQ：2242791300

# 前言

长期以来,我国城乡处于二元分割状态,城镇化与农业和农村发展严重脱节。新时期我国新型城镇化建设的一个根本要求,就是要实现城乡一体化并推进城镇化与农业现代化的协同发展。在推进城乡一体化发展过程中,产业结构的协调至关重要。城镇化必然引起农村产业结构的变化,也需要农村产业结构调整来适应。因此,深入研究城镇化与农村产业结构的关系,探讨农村产业结构与城镇化的协调互动机制,具有重要的现实意义和理论价值。

本书的研究主要围绕着"城镇化发展与农村产业结构调整之间的相互关系"这一关键问题展开,重点探讨和解决了3个基本问题:其一,城镇化发展与农村产业结构调整之间的相互影响机理是什么。其二,我国城镇化发展与农村产业结构调整之间关系状况是怎样的。其三,如何基于新型城镇化发展来推进农村产业结构调整与优化。

首先,城镇化发展与农村产业结构调整之间的相互影响机理是什么,二者之间的内在关联、相互作用、相互协调的方式和路径是怎样的。本书在对城镇化发展与农村产业结构进行界定并分析其影响因素的基础上,通过理论阐释和模型推演分析了在农村剩余劳动力转移为主要理论路径下城镇化发展与农村产业结构调整之间的互动机制,揭示了城镇化主要通过农村剩余劳动力转移、规模效应和外部性效应对农村三次产业结构调整产生深刻影响,通过要素流动和需求机制促进农业产业结构调整,通过促进土地集约利用、生产组织方式转变和区域间劳动力转移影响着农业规模化、专业化发展。同时，农村产业结构调整通过要素和产品的供求机制，影响城镇化的发展。在二者关系中，城镇化对农村产业结构的影响更为直接和突出，农村产业结构对城镇化的影响是渐进和长期的。

其次，我国城镇化发展与农村产业结构调整之间关系状况是怎样的，城镇化发展与农村三次产业结构调整，与农业产业结构调整，与农村产业的规模化及专业化发展之间的相互影响效应、特征及其途径是什么。为回答这一问题，本书在对我国城镇化发展进行测度和时空评价、协调性分析的基础上，分别实证检验了我国城镇化发展与农村三次产业结构调整，与农业产业结构调整，与农村产业规模化及专业化发展之间的相互影响关系。研究结果表明：

第一，我国城镇化发展与农村三次产业结构调整之间呈现非线性的相互影响关系。城镇化发展对农村第一、二产业占比的影响路径是"倒 U 型"的，而其对农村第三产业占比的影响路径是"U 型"的。反之，农村第一、二产业占比对城镇化发展的影响路径是"U 型"的，而农村第三产业占比对城镇化发展的影响路径是"倒 U 型"的。就区域效应而言，在市场机制更为完善的东部区域，城镇化发展与农村三次产业结构调整的相互影响关系更为显著，而在中西部地区这一互动影响关系的显著性相对较弱。就结构效应而言，经济发展城镇化与农村三次产业结构调整的相互影响最为显著，这也是其主导作用的具体体现。

第二，适度的城镇化发展有利于促进农业产业结构调整，而农业产业结构调整对城镇化发展产生了长期的积极影响。一方面，在正向和负向的双重效应的作用下，适度的城镇化发展可以加速农业产业结构的优化调整，过度的城镇化发展不利于推动农业产业结构的优化调整。另一方面，由于农业产业结构的调整是一个缓慢的长期动态进程，农业产业结构调整对城镇化发展的短期效应并不显著，而在供给与需求、生产要素和可持续发展等理论路径下，农业产业结构调整对城镇化发展产生了显著的长期影响效应。就区域协调性而言，农业产业结构调整滞后于城镇化发展的省份主要集中在我国中西部地区，特别是西北、西南等一些经济欠发达省份。

第三，我国城镇化发展与农业产业规模化之间的相互影响更为显著。在土地集约利用、生产组织方式转变和区域间劳动力转移等理论路径下，我国城镇化发展与农业产业规模化之间呈现显著的相互影响关系。然而，由于受到农业产业专业化固有发展路径的影响，我国城镇化发展与农业产业专业化之间的相互影响关系并不显著。

最后，如何基于新型城镇化发展来推进农村产业结构调整与优化，促进城乡一体化发展。为回答这一问题，本书基于已有研究结论提出了新型城镇化条件下促进我国农村产业结构调整的政策建议。在农村三次产业结构调整方面，应当利用城乡经济要素流动效应、发挥城镇经济的外部性效应、借助城镇化发展的规模效应、依托城乡经济发展区域效应，差异化地推进农村产业结构的优化调整。在农业产业结构调整方面，应当基于城镇经济的正向促进作用引导农业产业结构的调整，基于农业产业结构调整的目标合理制定城镇化发展策略，基于农业产业结构的长期效应积极促进农业组织化建设，同时应合理推进城镇化发展与农业结构调整的互动协作机制。在农业产业规模化及专业化方面，应当完善土地的流转机制保障农业产业的规模化及产业化，发挥城镇经济外溢性促进农业产业的规模化及专业化，优化人力资源的供需保证农业产业的规模化及专业化，制度革新信息化平台加速农业产业的规模化及专业化。

# 目录

**第1章 绪论 / 1**

1.1 研究背景与意义 / 3
1.2 相关文献综述 / 5
1.3 基本思路和主要内容 / 14
1.4 研究方法和创新点 / 17

**第2章 城镇化发展与农村产业结构调整关系的理论分析 / 21**

2.1 城镇化发展和农村产业结构调整的界定 / 23
2.2 城镇化发展与农村产业结构调整互动机制的理论分析 / 30
2.3 城镇化发展与农村产业结构调整互动机制的模型构建 / 39
2.4 本章小结 / 45

**第3章 我国城镇化发展水平的测度及时空分析 / 47**

3.1 引言 / 49
3.2 我国城镇化发展的评价设计 / 50
3.3 我国城镇化发展的时空现状分析 / 53
3.4 我国城镇化发展的协调度分析 / 58
3.5 本章小结 / 62

**第4章 城镇化发展与农村三次产业结构调整相互关系的实证研究 / 63**

4.1 我国农村三次产业结构调整的时空分析 / 65
4.2 城镇化发展影响农村三次产业结构调整的实证研究 / 67
4.3 农村产业结构调整影响城镇化发展的实证研究 / 80
4.4 本章小结 / 89

**第5章　城镇化发展与农业产业结构调整相互关系的实证研究 / 91**

5.1　我国农业产业结构调整的经验考察 / 93
5.2　城镇化发展影响农业产业结构调整的实证研究 / 95
5.3　农业产业结构调整影响城镇化发展的实证研究 / 108
5.4　本章小结 / 112

**第6章　城镇化发展与农业产业规模化、专业化发展相互关系的实证研究 / 115**

6.1　我国农业产业规模化及专业化的测度及现状分析 / 117
6.2　城镇化发展与农业产业规模化及专业化互动关系的实证研究 / 126
6.3　本章小结 / 133

**第7章　新型城镇化条件下促进我国农村产业结构调整的政策建议 / 135**

7.1　我国城镇化发展与农村产业结构调整关系存在的主要问题 / 137
7.2　新型城镇化条件下农村三次产业结构调整的优化策略 / 139
7.3　新型城镇化条件下农业产业结构调整的推进机制 / 142
7.4　以城镇化促进农业产业规模化及专业化发展的思路与对策 / 146

**研究结论及展望 / 149**

**参考文献 / 153**

**附录　主持或参与的科研项目 / 163**

**后记 / 164**

# 第 1 章

# 绪 论

## 1.1 研究背景与意义

随着城镇化发展进程的加快,农村产业结构调整问题已成为当今中国所面临的、迫切需要重视并加以解决的一个重要问题,这是本书研究内容的重要背景。作为一个重要的现实问题,城镇化发展与农村产业结构调整之间的相互关系研究具有重大的理论和现实价值。

### 1.1.1 研究背景

(1) 现实困境

现阶段我国城市和农村产业之间存在较为明显的二元结构特征,城乡产业之间的关联性与互补性不强。农村的产业发展仅仅依靠农村本身,欠缺与中心城市之间的关联和互补关系,难以使农村的资源发挥最大的功效,延缓了农村的发展进程。城镇化过程中则一味强调城镇本身发展,又忽视了农村对城镇发展的支撑作用,甚至在一定程度上阻碍了农村发展。

从农村本身的情况来看,农业粗放式发展现象依然普遍存在,农产品深加工、精加工水平低,产品附加值不高;农村基础设施建设严重滞后,农业的市场建设、技术支撑系统还未完善;农村乡镇企业之间没有形成较为系统的分工,专业化生产程度不高;企业规模一般较小,无法分享集聚经济带来的正向外部性效应。农村经济太过依赖农业和外出劳务收入,农民收入增长存在一定发展瓶颈。改革开放以来,虽然农业和乡镇企业得到了很大发展,但是和核心城镇地区相比,农村地区仍然远远落后于中心城区,没有形成广大农村普遍繁荣的态势。农村地区的农业产值依然占有较大比例,农村工业产业和第三产业产出较低,没有对农村经济起到太大拉动作用。农村第二、第三产业发展缓慢,导致农民通过从事第二、第三产业获得的收入水平较低,不能够对农民增收形成有力的支撑。此外,总体来看,我国各地的农村农业生产方式依然比较落后,农业技术水平不高,未能较好地实现农民收入的有效增加,未完全达到推动农村经济社会发展的预期。

面对我国农业发展困境,农村产业结构调整成为我国党和政府长期关注的焦点问题之一。改革开放以来，党和政府更是对农村产业结构调整高度重视。自1982年到2015年的34年间，中共中央下发了17个有关解决"三农"问题的"一号文件"。尤其是自2004年1月以来，下发的中央"一号文件"集中反映了中共中央对农村产业结构调整的高度重视，《中共中央 国务院关于促进农民增加收入若干政策的意见》等中央"一号文件"聚焦于从增加农民收入的角度 推进农村城镇化以及农村产业结构调整的健康发展，这也体现了中央政策更加贴近农村民生问题的解决，更加侧重于从根本上解决"三农"问题的制度探索。2010年中央"一号文件"的农村工作重心增加了城镇化内容，要求新农村建设与城镇化建设双轮驱动，以便更好地推进农村产业结构的根本性调整。2012年中央"一号文件"明确要求同步推进工业化、城镇化和农业现代化发展，围绕"强科技保发展、强生产保供给、强民生保稳定"，进一步加大强农惠农富农政策力度，合力促进农民较快增收以及农村产业结构调整，努力维护农村社会和谐稳定。2014年和2015年的中央"一号文件"则要求加快发展现代农业，促进农业产业结构的高度化等。事实上，这些文件之所以旗帜鲜明地指向"三农"问题，其根本原因在于"三农"问题从根本上得到解决不仅要依靠农村和农业自身的发展，还需要借助城镇化发展这一国家战略的有效推动。

（2）理论困惑

城镇化发展是农村产业结构调整的必然选择。"三农"问题的根本解决并不能简单地依靠转移大量农村剩余人口，也不是简单的农民居住城市化，更不是单纯的农地、资金的城镇化转移。城镇化发展战略要求实现城乡一体化，这种战略要求是农民的市民化、农村产业结构的优化以及农业规模化经营与产业结构高度化的有机融合。2010年以来的中央"一号文件"都把统筹城乡发展、积极推进农村城镇化建设、合理调整农村产业结构、促进农业规模化经营和产业结构高度化作为根本解决"三农"问题、实现城乡一体化发展的动力之源。

立足于城镇化发展进程，研究农村产业结构调整问题，尤其是厘清城镇化发展与农村产业结构调整的互动机理，对于解决"三农"问题、实现城乡一体化发展、根本性转变经济发展方式均具有重要的现实意义。然而，从理论研究角度来看，城镇化发展与农村产业结构调整的关系研究尚处于起步阶段，无论是理论分析还是研究方法等，都尚有较大的探索空间；尤其是城镇化发展与农村产业结构调整相互影响的内在机制研究方面,尚存诸多不足,值得进一步开展深入研究。当前,我国城镇化发展进程的加快,对我国农村三次产业结构、农业产业结构、农业产业规模化及专业化等的影响也会日益显现。因此,在当前的背景之下,系统深入研究我国城镇化发展与农村产业结构调整的互动效应,具有重要的理论价值。

### 1.1.2 研究意义

加速农村经济发展、实现农民增收是我国农业现代化建设的基本要求,优化农村产业结构(包括农村产业结构和农业内部产业结构)则是实现上述目标的必经之路。单纯依靠农村自身的经济能力、产业发展潜力实现长期发展既不现实,也不利于我国经济发展的大局。必须充分利用城镇化发展带来的技术、资本等充裕的生产要素,以及先进的组织与调控经验,以城带乡,以工促农,努力实现农村的产业结构优化和农村的全面可持续发展,从而实现城镇和农村的良好互动与优势互补。城镇化的快速发展是现阶段我国经济发展的基本特征,要把城镇和农村、城镇居民与农村村民当作有机整体,通过体制改革和政策调整,改变长期困扰我国的城乡二元经济结构现状,实现我国城乡经济的全面快速发展。因此,充分利用城镇化发展带来的助力推进农村产业结构优化升级,探究其推动农村产业结构升级的作用机理及影响效用,既符合经济社会发展的客观需要,又能为解决城乡二元结构的现实问题提供新的参考。

## 1.2 相关文献综述

目前,学术界关于城镇化发展与农村产业结构调整之间关系的系统研究并不多见。随着城镇化发展进程的加快,农村产业结构调整的步伐也必然随之加大,研究二者之间的互动关系,更好地推动城镇化发展与农业现代化协同发展,具有重要的现实意义。随着《国家新型城镇化规划(2014—2020年)》的颁布实施,立足于城镇化发展的宏观背景研究农村产业结构调整无疑是一个棘手的现实问题。现有部分文献研究了农村城镇化与农村产业结构调整问题,仍然需要对这一问题进行系统深入的研究。

### 1.2.1 关于农村产业结构调整的国内外相关研究

（1）产业结构调整的主要理论基础

**配第—克拉克定律。**英国古典经济学家威廉·配第和美国经济学家克拉克通过研究先后发现，随着一个国家国民经济水平的提高，就业人口会逐渐由第一产业向第二产业转移，而当国民收入水平继续提升时，就业人口便进一步转向第三产业，这种通过就业结构反映的产业结构变化规律被称为配第—克拉克定律。克拉克认为，经济发展中各产业间的收入差异是造成劳动力在三次产业之间转移的关键因素，即人们总是希望从事更高收入的工作，由此会带来劳动力在产业间的移动。这一规律无论从一个国家在一定时期内的纵向比较还是从不同国家在同一时间上的横向比较都得到证实。一般来说，对于一个国家而言，如果第一产业劳动力比重较大，往往该国人均国民收入水平较低；而如果第二、第三产业就业比重较大，则通常人均国民收入水平相对更高。

**库茨涅兹法则。**库茨涅兹在克拉克研究成果的基础上，根据各国的历史经济数据资料情况，利用现代经济统计体系，从国民收入和劳动力在产业间的分布入手，对伴随经济增长的产业结构变化作了分析研究。他发现，国民经济结构随着经济的发展存在一定的变化规律：第一产业产生的国民收入在国民总收入中所占比重不断下降；第二产业在国民收入中所占相对比重总体呈现上升趋势，与此同时，在工业部门的就业比重变化很小或者略有上升；服务部门的劳动力比重，基本上在所有国家都是上升的，国民收入的相对比重则未必与劳动力相对比重同步上升，大体保持不变或略有上升。

**产业结构优化理论。**产业结构优化指的是通过对各个产业之间的动态调整来实现产业的协调发展，以不断满足社会需求为目的的过程。不同的社会需求、经济状况、就业状况等现实情况对应了不同的产业结构最优水平，而向最优的产业结构调整的过程就是产业结构的优化。产业结构的优化不是一个静止的状态，而是一个动态的概念，是相对的而不是绝对的。产业结构的优化不是指产业结构水平的绝对高低，而是在经济体整体效益最大化的总体目标下，通过对各产业的不断调整，实现与本国或者本地区的资源禀赋水平、自然地理环境、经济发展阶段、人口规模情况和科技文化发展程度相适应的各个产业协调发展的状态。一般而言，产业结构优化主要包括以下几方面的内容：

第一，产业结构合理化。在一定的经济发展阶段，需要根据消费需求以及资源约束条件来调整产业结构，使得资源在产业之间得到合理配置和有效利用。

第二，产业结构高度化。随着科学技术的进步，资源利用水平不断突破原有界限，从而不断推动产业结构向高级化方向演进。

第三，产业发展效率。这一内容需要各个产业部门在各自的发展过程中实现速度、质量和效益的统一发展，三者缺一不可，而其中提高整体的效益水平又是最为关键的一点。

第四，产业的均衡发展。产业的均衡发展包括两个方面的内容：一方面是各个产业部门之间的协调发展；另一方面，也要求产业发展具有一定的稳定性，避免产业发展的过度波动。

(2) 农业与农村产业相关理论

美国经济学家舒尔茨认为，在农村发展小工业对农村社会与经济发展具有重大作用（Theodore W. Schultz，1956）。在农村建立小型工厂可操作性强，还可以充分利用由于农业季节性生产而带来的劳动力剩余，以此提高每一个农户的收入水平。经济学家库兹涅茨将农业与农村部门对国民经济发展的贡献分解成市场贡献与要素贡献两个方面。市场贡献指的是农村部门为其他部门的发展提供了产品销售市场，要素贡献则指农村部门为其他部门的发展提供了劳动力、农产品等投入要素，反映出农业与其他产业之间密切的经济联系（Simon S. Kuznets，1971）。舒尔茨在《改造传统农业》一书中从理论角度阐述了改造传统农业，从而实现农业发展推动社会经济发展的重要意义。舒尔茨认为，在传统的农业生产体制下，虽然农业生产效率很低，但生产要素配置已经达到帕累托最优。要改造传统农业，需要从改革土地经营制度，提供技术、资金、贷款和人才培训等多个方面入手，特别是要重视人力资本投资在其中的作用。舒尔茨的理论认为，为了发展农村经济和增加农民收入水平，应当在农村大力发展工业和服务业等非农产业来消化和吸收农村剩余劳动力。该理论还认为农村非农化包括两个主要阶段：第一个阶段是农村工业的发展，第二个阶段则是包括农村工业与第三产业在内的非农产业的综合发展。

(3) 我国农村产业结构调整的相关研究

针对我国农村产业调整的客观现实，国内众多学者进行了深入的相关研究。刘朝明（1992）按照农业与非农产业关联方式在不同国家体现的差异特征，将农村产业结构模式划分为三种类型：一是部分发展中国家的资源开发型模式。产业由不发达和不完全的农村产业组成，农业与城市之间的工业呈现分离发展的趋势，农业是农村产业的基本组成，主要通过开发农业内部资源或农村社会资源来获取发展的原动力。二是发达国家的农村产业一体化模式。该模式实质上是以农业为核心，是农业前向产业、农业本身和农业后向产业的多重组合。三是经济转型期我国的农村产业模式。由于我国基本国情特殊，农村产业中的第二、第三产业与广义上的农业脱节较大，农村地区的非农产业与城市产业具有同质化特征，农村地区非农产业与农业之间联系不够，农业产业的发展远远落后于非农产业的发展，对农业的发展形成挤压之势，不利于农业的长远发展。李炳坤（2000）认为，农村产业结构的调整是一个长期的动态过程，这一过程将影响农村产业结构不断调整与不断优化。农业产业结构的调整对农村建设、农业发展与农民增收造成深远影响。周开忠（2000）认为，现今不断多样化的产品需求和优质化的产品需求是农业产品需求发展的一般规律。在这一规律下，农业产业结构的调整与优化是必经之路。只有通过农业产业结构的不断调整与优化，才能实现农业经济的数量与质量并重，速度与效益统一，发挥农业的基础性作用，实现农业的快速发展，满足人民群众日益多样化的农产品需求，为我国经济保持持续较快发展提供不竭动力。柯炳生（2000）认为，农村产业结构调整包含了产业内部与产业外部同时发生的调整，是指当一部分劳动力向农村产业之外转移时，农村产业内部的规模结构同时发生变化的过程。这一过程可能导致劳动力数量减少，但是每个企业的规模得以扩大。倪峰（2000）认为，科技进步将决定产业结构调整的效果，并且产业内部的结构调整必须与整个经济结构与城乡经济结构的调整联系起来，从而能够更好地发挥作用。牛凯（2012）通过对相关变量进行协整分析和 Granger 因果检验，解释了我国农村产业结构的调整对农村经济增长的影响机制。姜松等（2015）基于我国西部地区农业现代化演进的个案比较，认为应加强农村产业结构调整与粮食安全协调，建立健全新型农业社会化服务机制，促进农村产业结构的高级化。李益敏等（2015）认为合理的农业产业结构可以提高农业资源配置效率和农业生产效率，对推动农村经济发展以及促进区域经济增长均具有重要的作用。

## 1.2.2 二元结构下城镇化发展的国内外相关研究

### (1) 农村发展与城镇化发展关系研究

美国著名的经济学家阿瑟·刘易斯（1954）首次明确提出"二元结构"理论，描述了发展中国家经济的"二元性"困境。刘易斯（1989）进而深入地研究了农村人口向城市转移问题。在刘易斯模型的基础上，美国经济学家拉尼斯和费景汉（1961）引入农业产量剩余的概念，进一步指出，农业生产效率的提高是引起农业剩余产品出现的根本因素，被称为拉尼斯—费景汉模型。这一模型是对刘易斯模型的改进，主要的变化在于，和刘易斯模型相比，拉尼斯—费景汉模型认为在农业生产部门对城市工业发展没有任何推动作用的条件下，农业生产部门的生产率提高及其带来的农业产品剩余的出现导致农业剩余劳动力向城市工业部门转移。这一模型又被称为"刘易斯—拉尼斯—费景汉"模型。Jorgeson（1961）提出"农业剩余"概念，认为"农业剩余"的出现是导致农村剩余劳动力转移的首要因素，而且农村剩余劳动力转移会随着人们生活水平的提高以及消费结构的改变而改变。John R. Harris 和 Michall P. Todaro（1970）进一步强调，只要非农产业劳动力的消费需求能够通过农业部门为工业部门提供的剩余劳动产品得到满足，农村剩余劳动力的就业转移就能够得到实现。K. G. Myrdal（1957）认为，发展中国家各种政治的、经济的、社会的因素存在"累积性因果循环"效应是二元经济结构形成的根本原因。麦基（T. G. Mcgee, 1991）在研究中发现，在人口相对比较集中的亚热带地区或热带地区，以及处于大城市之间的交通走廊地带存在大量的都市村庄（Desakota）是导致农村剩余劳动力转移的重要因素，继而提出 Desakota 模式。Desakota 模式的提出，是对传统的单一城市化模式在理论上的重大挑战，开创了学术界对城乡发展相互作用深入研究的先河。

随着国外学者对农村发展与城镇化发展关系研究的深入，国内相关领域的学者也取得了较为丰富的成果。王艳飞等（2015）通过对环渤海地区的研究发现，城镇化能在一定程度上推动农村发展，但随着城镇化水平提升，二者协调程度下降，农村发展分异性加大。关于城镇化推进农村产业结构调整的机理，李文（2001）认为，农村剩余劳动力转移是城镇化平衡产业结构和就业结构，推进农村经济发展的重要路径；张晓山（2006）则认为，农村区域的工业化是城镇化推进农村产业结构调整的重要路径。林毅夫（2006）也曾讨论了城镇化发展与农村产业发展的互动性。他认为，新农村建设和新型城镇化建设是矛盾的两个方面，二者之间是相辅相成和共同促进的，不存在相互掣肘的关系。许经勇（2006）认为，新型城镇化也应是推动农村发展的重要力量。新型城镇化是推动农村发展的新型城镇化，新农村建设应是城市化进程中的新农村建设。从新农村建设的视角出发，郑新立（2006）深入研究了新农村建设和新型城镇化建设二者之间的关系，认为新农村建设和新型城镇化之间是相辅相成、相互促进的关系，并对二者协调发展提出了系列政策建议。陈锡文（2007）则侧重于强调新农村建设对新型城镇化发展的重要推动作用。张晓山（2014）也认为，新农村建设和新型城镇化建设并不是矛盾的，新农村建设的实施情况能够对新型城镇化建设产生影响，农村地区得到更好的建设，能够改变农村地区落后的现状，提高农民收入，缩小城乡差距，这也能够为新型城镇化建设提供必要的生产要素和空间。孙正林等（2015）认为，新型城镇化建设和新农村建设是一个有机整体，通过新型城镇化的发展来带动新农村建设，能够更好地推动新农村建设的步伐，实现城市和农村共同发展、共同繁荣。

（2）农村劳动力转移与城镇化发展关系研究

农村劳动力转移指的是农村和城市发展过程中，农业剩余劳动力不断向非农产业，向城镇地区转移的动态过程，既涉及就业结构的变迁，也涉及空间区位的变化。农村劳动力转移是发展中国家的一个普遍的现象，发展经济学理论中的刘易斯二元结构理论、拉尼斯—费景汉模型和托达罗人口迁移模型等都是关于农村劳动力转移的经典论述。这些模型分析了发展中国家农村劳动力转移的原因、特点和方式（李仙娥和王春艳，2004）。

李勋来和李国平（2005）以城镇化率指标代理市场化进程和制度变迁因素，以此讨论其对农村劳动力转移的正向因素。蔡昉（2002）则认为城镇化背景下的绝对收入差距与相对贫困是构成农村劳动力转移的双重动因。朱哲学和吴昱南（2013）认为城镇化背景下农村劳动力转移的影响因素是预期收入、生活成本、城乡收入差距、年龄因素、非农收入等，解决这些问题是推进城镇化和农村劳动力转移协调发展的重要路径。刘雪梅（2014）认为农村剩余劳动力的转移和再就业是加快我国新型城镇化建设的主要理论路径，通过农村剩余劳动力的转移可以有效地增加农民的收入水平、提高农民的生产效率，进而缩小城镇和农村之间的经济差距，推动城乡经济融合，促进新型城镇化的发展。所以，强化农村经济区域内部剩余劳动力的转移和就业政策是推进新型城镇化建设的关键。

### 1.2.3 城镇化发展与农村产业结构调整的国内外相关研究

（1）国内研究

国内针对城镇化发展与农村产业结构调整的互动关系，尤其是利用新型城镇化推动农村产业结构调整的研究相对较少。何训坤（2002）、马彦梅（2003）、郝良峰和徐和平（2013）等认为，积极推进农村新型城镇化与农业产业化协同发展是化解城乡二元结构的根本途径。沈山、郭黎霞、林炳耀（2004）等进一步对农村新型城镇化与农业产业化协同发展的模式进行系统研究，比较研究了龙头企业模式、市场网络模式和专业区域模式的优劣，提出了发展产业集群、建设专业城镇和推动区域制度创新三大策略。阳立高和廖进中（2009）、李静和高继宏（2013）等则运用实证的方法对新型城镇化与农业产业化协同发展的关系进行计量研究，实证结果表明：新型城镇化对农业产业化具有明显的正向带动作用，而农村产业化发展对新型城镇化也具有正向效应。颜海林和吴米桂（2005）、黄晋太和郭丽娟（2013）等基于二元结构发展理论，围绕实现中国现代化的终极目标，探讨了农村新型城镇化和农业现代化协同发展的实现机制。王华（2014）采用田野调查的方法，深入探讨固定村落的社会变迁过程，回溯村落农村产业结构调整的经验事实，表明了在农村产业结构调整过程中，城镇化的步伐也随之跟进。王景新（2015）认为，随着新型城镇化成为国家发展战略，全域城镇化与城乡同步建设逐渐成为新的发展趋势，标志着中国农村进入了村域城镇化的新阶段，农村的产业结构调整成为村域城镇化的重要动力。

（2）国外研究

国外学术界较早地关注了产业结构演变与城镇化发展互动关系的问题。总结起来，国外的相关研究主要包括以下几个方面：

①城镇化发展与工业化的相互关系。Lewis（1954）指出，工业化最显著

的特征就是劳动力从农业到工业部门的转移。这一现象在包括中国在内的大部分国家的城市化过程中出现过（Bairoch，1988）。关于城镇化与工业化的关系，著名经济学家霍利斯·钱纳里和莫伊思·赛尔昆（1998）通过观察全球101个国家1950—1970年的经济发展数据提出了著名的"发展型式"理论，该理论指出，在发达国家，农业产值与劳动力就业向着工业化转变基本上是同步的，即工业化进程与城镇化进程基本是同步的，而在发展中国家，产值结构的转换要普遍先于就业结构的转换，即城镇化进程要普遍落后于工业化进程。随着工业化的进一步发展，城镇化和工业化的联系越来越松散，如Richard Walker（2001）认为，从19世纪中期开始，制造业的布局开始逐渐向城市外蔓延，工业化和城镇化的联系逐渐松散，这一现象也成为北美地区城镇化的新特征。

②城镇化发展与产业发展的互动机理。城镇化发展的不同阶段对三次产业发展的影响存在一定的差异性。库兹涅茨（1975）认为城镇化的发展伴随着专业化程度的加深，当城镇化带来人口增加时，城市对农产品市场的需求增加，农产品的市场得以扩大，农业发展得到城镇化带来的推动力。Moir（1976）利用75个国家的数据为研究样本，认为在城镇化发展的初级阶段，新型城镇化与第二产业的联系更为紧密，而在城镇化发展的较高级阶段，如现在的发达国家，城镇化与第三产业的发展联系更为密切。McMillen（1991）指出，从事第三产业的人口占城市总人口的比重与城镇化联系密切，一般说来，城镇化的发展促进了第三产业从业人员数量的增加。Swyngedouw et al.（2002）的研究结果同样也表明，政府的规模大小、城镇化发展的程度与第三产业的就业占比呈现显著的正相关关系，尤其是城镇化水平的提高会带来第三产业总产值和就业规模的显著增加。同时，三次产业的发展状况也会对城镇化的发展带来一定的影响。如Moomaw et al.（1996）指出，农业人口数量的增加会不利于城镇化的发展，使得城镇化的发展速度减缓，而从事第二产业和第三产业的人员数量增加对新型城镇化的发展起到一定的促进作用。Gwynne（1996）通过对工业化与城镇化相互影响的研究认为，劳动力结构的非农趋势将对城镇化的发展发生显著的正向影响。Hermelin（2007）认为，城市区域以及周边卫星城镇是第三产业活动的主要发生地点，第三产业的主要集聚区，第三产业在城镇地区的集聚与发展对城镇化和城镇地区的经济发展起到了巨大的推动作用。

③城镇化发展与产业结构演变的相互关系。城镇化过程中通常伴随着产

业结构的演变，尤其在经历过绿色革命（农业生产率的提高）和工业革命（工业生产率的提高）的国家，城镇化过程通常和产业的非农化同步产生（Young，2003；Bosworth & Collins，2008；Brandt、Hsieh & Zhu，2008；McMillan & Rodrik，2011）。Singelmann（1978）指出，城镇化是一个国家由农业型经济体向服务型经济体转变的重要条件，是第三产业得以快速发展的重要因素。同时，产业结构的演变也对城镇化的发展起到了推动作用。Davis & Henderson（2003）指出，当一个国家的主导产业从农业转向非农业时，劳动力也从农业转移到非农产业，给城镇地区带来集聚经济和规模经济，促进了城镇化的快速发展。也有不少学者通过某个关键因素将产业结构演变与城镇化联系起来，如技术水平、人力资本集聚、相关产业政策等。Moir（1976）认为，城镇化水平的提高伴随着技术水平的进步，相关产业对就业的吸纳能力下降，就业份额随之减少，特别是在发展中国家，随着工业技术水平的提高，工业对劳动力的吸纳能力下降，因此农村剩余劳动力更多地向第三产业转移。这种工业生产率的提高又被称为"工业革命"。工业革命深刻地改变了产业格局（Harris & Todaro，1970；Hansen & Prescott，2002；Lucas，2004）。Murata（2002）指出，农业技术水平的提高将使得农业的就业吸纳能力进一步下降，导致农村劳动力持续向城镇转移，在改变了就业结构（进而改变产业结构）的同时，推动了城镇化的快速发展。同样，这种农业生产率的改变被称作绿色革命，对产业结构的演变同样起到至关重要的作用（Gollin、Parente & Rogerson，2002；Nunn & Qian，2011）。Black 和 Henderson（1999）则认为，人力资本的积累在产业结构的演变与城镇化之间起到了桥梁的作用，产业结构的不断演变实际上也是人力资本的不断积累过程，在此过程中，随着农村人力资本的转移，城镇化进程得以提速。此外，Gustavo Garza（1999）探讨了相关经济政策与产业政策对产业结构演变与城镇化的影响机制与效果。

### 1.2.4 文献简评

近年来，学界在城镇化发展和农村产业结构升级两个方面均做了不少研究，取得了一定的研究成果。通过对相关文献的分类整理与深入总结，后续研究则能够了解到关于城镇化发展的历史变革、基本特征、发展路径等方面的内容；同时，对于经济转型时期我国农村产业结构调整升级的研究，也为后续研究提供了坚实的基础。除此之外，国内外也有非常成熟的理论体系来对城市化与产业升级两个方面的内容分别进行阐述。这些研究成果无疑将为本书的研究提供一定的思路参考和理论借鉴。然而，现有研究在以下三个方面存在一定不足：

第一，目前国内尚不多见对城镇化发展与农村产业结构调整升级进行系统深入的探讨，对于是否可以利用以及如何利用城镇化发展来促进农村产业结构的调整优化尚无定论。现有的极少相关研究的系统性和针对性也有一定欠缺——或只是部分涉及，缺乏全面分析，或只是简单描述性解释，缺乏科学实证——因此不能有效解释城镇化发展与农村产业结构调整的内在关系，以及如何依托和适应城镇化发展来推进农村产业结构调整的现实需要。

第二，对于农村产业结构的调整，现有文献大多仅仅涉及农村三次产业本身的调整，而缺少对农业内部细分产业的结构调整的深入分析，更缺乏细分产业结构与城镇化关系的具体研究。

第三，理论体系方面的研究还存在一定的不足。由于当前中国国情与国外存在较大差异，国外经典文献建立的理论体系也不能够直接套用在我国的现实情况当中，基于相关理论体系的研究也有待进一步改进。

本书将在吸取已有研究成果的基础上，进一步从理论上揭示城镇化发展与农村产业结构调整关系的内在机理，全面考察和深入分析城镇化发展与我国农村三次产业结构调整、农业产业结构调整以及农业产业规模化及专业化之间的关系，具体探讨基于新型城镇化发展来推进我国农业产业优化调整的路径和方式。

## 1.3 基本思路和主要内容

### 1.3.1 基本思路

随着城镇化发展进程的加快，城乡间经济差距也在进一步扩大，农村产业结构调整问题已成为当今中国所面临的、迫切需要重视并加以解决的一个重要问题。同时，当前我国农业产业结构的不合理及调整的滞后性，也反过来严重制约了我国新型城镇化进程的推进。在这样的经济背景下，如何利用城镇化发展契机促进我国农业产业结构的调整，如何借助农业产业结构的优化升级助力我国新型城镇化推进，成为我们亟待解决的关键问题。因此，在研究过程中，本书抓住城镇化发展和农村产业结构发展的主要矛盾、关键问题进行了较为系统深入的研究探讨。

本书的具体研究思路为：在对国内外相关研究进行综述分析的基础上，首先对城镇化发展和农村产业结构调整进行内涵界定和现状分析，并通过理论分析和模型推演阐释城镇化发展与农村产业结构调整之间的互动机制。随后，从城镇经济发展、城镇居民生活、城镇公共服务、城镇基础设施、城镇资源环境以及城乡一体化六个方面构建评价指标体系，并利用熵值法对我国各省份的城镇化发展水平进行测度，对其进行时间走势分析、空间探索性分析和子系统协调度分析。其次，在对农村产业结构调整进行评价分析的基础上，实证检验我国城镇化发展与农村产业结构调整之间的相互影响关系：其一，实证检验城镇化发展与农村三次产业结构调整之间的相互影响关系及其区域效应和结构效应。其二，实证分析城镇化发展对农业产业结构调整的影响路径，考察城镇化发展与农业产业结构调整的区域协调性，实证检验农业产业结构调整对城镇化发展的短期和长期影响效应。其三，利用 VAR 模型、脉冲效应、方差分解及格兰杰因果检验讨论城镇化发展与农业产业规模化及专业化之间的关系。最后，基于已有研究结论，提出新型城镇化条件下促进我国农村产业结构调整的政策建议。

## 1.3.2　主要内容

在对现有城镇化发展与农村产业结构调整文献系统梳理的基础上，本书立足城镇化发展、农村产业结构调整及其互动机制等相关理论，对城镇化发展与农村产业结构调整的现状、城镇化发展与农村三次产业结构调整相互关系、城镇化发展与农业产业结构调整相互关系、城镇化发展与农业产业规模化及专业化相互关系进行了较为系统、深入的探讨。本书借助定性与定量相结合的分析方法，针对城镇化发展与农村产业结构调整涉及的农村三次产业结构调整、农业产业结构调整、农业产业规模化及专业化等关键问题进行了系统而深入地回答，并在相关理论、模型和实证分析结果的基础之上，为中国城镇化发展和农村产业结构调整提供了科学的思路启示和有针对性政策建议（见图 1.1）。

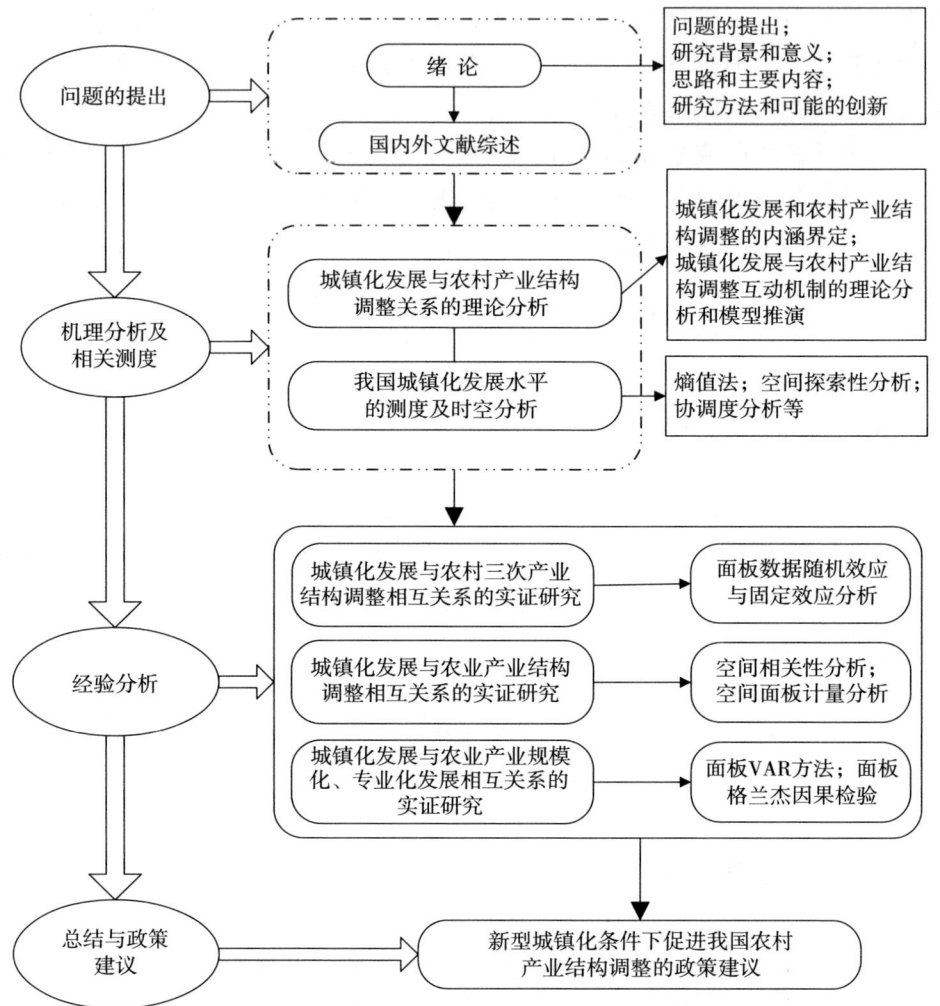

图 1.1 技术路线图

第 1 章是绪论部分，主要内容包括研究的背景、意义、基本思路、主要内容、研究方法和创新点，同时对已有相关研究进行了以下三方面的综述分析：关于农村产业结构调整的国内外相关研究、二元制结构下城镇化发展的国内外相关研究、城镇化发展与农村产业结构调整的国内外相关研究。

第 2 章是城镇化发展与农村产业结构调整关系的理论分析，对城镇化发展和农村产业结构调整进行了内涵界定，同时通过理论分析和模型推演阐释了城镇化发展与农村产业结构调整之间的互动机制。

第 3 章是我国城镇化发展水平的测度及时空分析，在总结已有相关研究的基础上，从城镇经济发展、城镇居民生活、城镇公共服务、城镇基础设施、城镇资源环境以及城乡一体化六个方面构建了评价指标体系，并利用熵值法对 2003—2013 年我国 30 个省份的城镇化发展水平进行了测度。同时，分别对我国城镇化发展水平进行了时间走势分析、空间探索性分析和子系统协调度分析。

第 4 章是城镇化发展与农村三次产业结构调整相互关系的实证研究，在对我国农村三次产业结构调整进行测度和现状分析的基础上，实证分析了城镇化发展与农村三次产业结构调整之间的相互影响关系及其区域效应和结构效应；另外，还讨论了农村产业结构偏离的相关影响。

第 5 章是城镇化发展与农业产业结构调整相互关系的实证研究，在对我国农业产业结构调整进行经验考察和制约因素分析的基础上，利用空间计量实证分析了城镇化发展及其六个子系统对农业产业结构调整的影响路径及其区域差异，考察了城镇化发展与农业产业结构调整的区域协调性；还实证检验了农业产业结构调整对城镇化发展的短期和长期影响效应。

第 6 章是城镇化发展与农业产业规模化、专业化发展相互关系的实证研究，在对我国农业产业规模化及专业化的测度和现状分析的基础上，利用 VAR 模型、脉冲效应、方差分解及格兰杰因果检验讨论了城镇化发展与农业产业规模化及专业化之间的相互关系。

第 7 章是新型城镇化条件下促进我国农村产业结构调整的政策建议。本书主要从农村三次产业结构调整、农业产业结构调整、农业产业规模化及专业化三个方面，系统提出了新型城镇化发展和农村产业结构调整同步推进的对策建议。

## 1.4 研究方法和创新点

### 1.4.1 研究方法

本书以历年《中国统计年鉴》《中国区域经济统计年鉴》《中国城市年鉴》《中国农村统计年鉴》和各省统计年鉴及相关统计公报等有关统计数据为基础，综合运用农业经济学、区域经济学、新经济地理学、发展经济学、制度经济学等相关理论,通过理论分析和模型构建,综合运用规范分析与实证分析相结合的方法,基于2003—2013年中国省级面板数据,对我国城镇化发展水平和农村产业结构现状进行测度分析,探讨了城镇化发展与我国农村产业结构调整的相互影响关系及其区域效应和结构效应,为我国通过城镇化发展加速农村产业结构调整这一重大现实问题提供较为系统的理论支持和经验依据。

在理论分析方面,本书探讨了城镇化发展的含义和约束因素,阐释了农村产业结构调整的内涵及其影响因素,并利用农村经济产业结构模型分析了城镇化发展与农村三次产业结构调整,与农业产业结构调整,与农业产业规模化及专业化之间的理论关系,并在这三个层面下具体分析了城镇化发展与农村产业结构调整之间的基本理论逻辑关系。

在实证分析方面,本书对城镇化发展和农村产业结构调整的系列资料和数据进行全样本收集、分析和整理,然后通过对国内外相关理论模型和实证研究的深化拓展,从以下几个方面就城镇化发展与农村产业结构调整之间的相互影响关系进行实证分析:第一,从城镇经济发展、城镇居民生活、城镇公共服务、城镇基础设施、城镇资源环境以及城乡一体化六个方面构建了评价指标体系,并利用熵值法对2003—2013年我国30个省份的城镇化发展水平进行了测度,客观考察各地区城镇化发展水平。第二,利用省区层面面板数据实证分析了城镇化发展水平与农村三次产业结构调整之间的相互影响关系及其区域效应和结构效应,同时实证考察了农村产业结构偏离的影响。第三,在对我国农业产业结构调整进行经验考察和制约因素分析的基础上,利用空间计量实证分析了城镇化发展及其六个子系统对农业产业结构调整的影响路径及其区域差异,考察了城镇化发展与农业产业结构调整的区域协调性;同时,还实证检验了农业产业结构调整对城镇化发展的短期和长期影响效应。第四,采用面板向量自回归模型、脉冲响应分析、方差分解分析和面板格兰杰因果检验等方法对城镇化发展与农业产业规模化及专业化生产的动态关系进行了深入分析和预测,分析了城镇化发展与农业产业规模化及专业化的长期联系。

### 1.4.2 可能的创新点

总体而言,本书的创新点体现在以下三方面:

第一,开拓了新的研究视角。本书立足城镇化发展视角研究农村产业结构调整,突破了现有文献基于农村城镇化视域研究农村产业结构调整或单纯研究城镇化发展的老路,开拓了农村产业结构调整研究的新思路,同时通过农村产业结构调整对城镇化发展影响的分析,拓展了已有对城镇化制约机制的研究范围。本书不仅基于自己的理解从理论上揭示了城镇化发展与农村产业结构调整内在关系和互动机制,而且更具体地从三个层面,即农村三次产业结构、农业行业结构、农业水平结构层面,全面实证分析了我国城镇化发展与农村产业结构调整的关系,揭示了二者互动关系机制和路径,这在已有文献中还是没有过的。

第二,得出了一定有新意的观点和结论。如通过对城镇化和农村产业结构关系的理论和实证研究得出"城镇化对农村产业结构调整存在双重效应""城镇化发展对农村第一、二产业占比的影响路径是'倒U型'的,而其对农村第三产业占比的影响路径是'U型'的""农村产业结构调整需要与城镇化发展相适应""依托城镇化助推农村产业结构调整和优化"等结论和观点。

第三,研究方法运用的综合拓展。本书综合利用空间计量方法、面板数据计量方法、面板数据向量自回归方法、地理信息系统等研究方法,较为系统深入地探析了城镇化发展与农村产业结构调整的三个方面的相互影响关系,归纳出二者之间的一般影响规律。

第 2 章

# 城镇化发展与农村产业结构调整关系的理论分析

在当前我国城乡经济差距不断扩大的背景下，积极推动城镇化发展是优化我国农村产业结构、促进农村经济发展的重要路径。然而，何为农村产业结构调整？农村产业结构调整的内容构成又有哪些？城镇化发展与农村产业结构调整之间的理论联系是怎样的呢？这是本章理论分析需要着重解决的问题。

## 2.1 城镇化发展和农村产业结构调整的界定

概念是反映客观现实本质属性的思维形式。对城镇化发展与农村产业结构调整理论概念的辨析与界定，是深入探讨城镇化发展与农村产业结构调整之间理论关系的逻辑起点。

### 2.1.1 城镇化发展的含义及其约束条件

(1) 城镇化发展的含义

城镇化发展，是由以农业为主的传统乡村社会向以工业和服务业为主的现代城市社会逐渐转变的动态过程。城镇化是人类发展的必然阶段，关系到人类社会活动中方方面面的动态转变，涉及人口结构布局转变、产业结构转变、土地及地域空间变化等诸多方面，是一个复杂的人类活动规律的动态变迁过程。为了进一步认识城镇化发展，本节从多个层面分析城镇化发展的内容构成。

**经济发展层面的城镇化**。从经济转型角度上看，城镇化发展是伴随着工业化进程，从以农业、手工业为主的经济结构向以工业和服务业为主的经济结构的转型，从简单、粗放的、人口低密度且主要依靠个人单干为特征的小农经济到以集聚经济、市场分工为特征的发达工业经济的转型。西方发达国家的城镇化历史和新兴发展中国家的城镇化现状都告诉我们经济结构转型是始终与城镇化相伴随的，城镇化发展意味着生产过程的集聚以及产业结构的升级转化。从农村劳动力释放和转移视角来看，城镇化发展是居住在农村地区的人口向城镇地区集聚的过程。这种集聚的过程引起了人口的城乡空间转移，人口由分散式居住在广大农村地区向相对集聚地居住在城镇地区转变，对应着城镇区域数量的增加、城镇规模的扩大以及城镇人口数量的增加,城乡间的经济结构也相应发生着变化。陈明艺(2005)指出,工业化的发展推动了城镇化进程,城镇化的本质是农村人口的城镇化。工业化带来的技术进步改变了城乡格局,城镇地区对劳动力的大量需求吸引了农村人口向城镇地区的转移,这一进程引起了农村人口在总人口中比重的下降和城镇人口比重的上升。

**居民生活层面的城镇化**。从社会学的角度来看,城镇化的过程是人类生活方式发生巨大转变的过程,在此过程中,农民逐渐成为市民,落后的农业文明逐渐向先进的工业文明转变。人类的生活方式由旧的、简单落后的生活方式逐渐转为新的、复杂先进的城市生活方式。正如美国学者索罗金指出的,城镇化的过程包含了人类行为方式的转变和人类意识的觉醒过程,人类的生活方式由农村方式变为城市方式,人类意识也从农业意识转变为城市意识。姜爱林(2001)认为,城镇化是农村人口,特别是农村剩余劳动力,向城镇不断迁移的过程,这一过程会造成人口的空间变迁与就业结构的变化。进一步讲,这一过程也同时表明了人类生产方式、生活方式的改变,与人类不断进步相对应,代表着人类从低级到高级的演进。这一过程使得人类的生产方式越来越先进,生活方式越来越高级,对自然的依赖程度降低,对自然资源的利用效率提高。

**公共服务和基础设施层面的城镇化**。人口城镇化和空间城镇化是我国城镇化发展的两大显性特征。在这两类城镇化的进程中,公共服务供给和基础设施建设是政府积极推进城镇化发展的关键因素。尹鹏等(2015)认为基本公共服务是城镇化发展的关键突破点和稳定剂,其与城镇化之间的关系决定着新型城镇化发展的基本方向。李森圣和张宗益(2015)认为,基础设施建设是区域经济发展的先行条件,其对城镇化发展具有举足轻重的作用。

**资源环境层面的城镇化**。从地域空间演化角度上看,城镇化发展是人类的活动从农村地区转变到城镇地区的动态过程,也是自然资源在城乡区域间配置的过程,而伴随着资源调整,生态环境也在逐步进行调整。刘传江(2004)认为,城镇化的过程是自然资源和生产要素在空间地域上的转移,是自然资源从承载能力有限的农村地区向承载能力更强的城镇地区的转移过程,在此过程中,农村不断消亡或者变成城镇,城镇的数量和城镇的规模急剧扩张,资源的城乡配置与城乡生态环境也在不断地发生变化。

**城乡一体化层面的城镇化**。城乡一体化是使城乡人口、技术、资本、资源等要素相互融合，逐步达到城乡之间在经济、社会、文化、生态、空间、政策上协调发展的过程。城镇化的发展是城乡一体化的政策进程，而城乡一体化是城镇化推进的结果。

人类城镇化经历了传统城镇化和新型城镇化的发展进程，传统城镇化往往是以农村的衰落为代价的，新型城镇化则更多地注重在城乡一体化发展中去推进城镇规模的扩大、结构的优化和质量的提升。

（2）城镇化发展的约束条件

中国的城镇化发展受到诸多约束条件的制约。

其一，人口基数庞大及人均财政效益薄弱。庞大的人口基数以及由此引致的人均资源稀少一直是我国城镇化发展过程中难以回避的现实问题。一方面，庞大的农村人口基数使得人口城镇化发展以及相关的居民生活城镇化、公共服务城镇化和基础设施城镇化的推进都受到较大的约束。另一方面，人口基数庞大使得财政政策的人均效益薄弱，进而使得当前我国新型城镇化发展战略得不到最大化效应的推动。

其二，二元经济结构的制约。作为发展中国家，中国当前的经济格局还是较为典型的二元经济结构。二元经济结构不仅在总量上加剧了城乡经济发展差距，还在经济发展"质量"上拉大了城乡经济发展态势。二元经济结构加深了我国城镇化发展的复杂性和艰巨性。以人口城镇化为例，农村人口向城镇人口的转变过程也在复杂化，经历了农民→农民非农化→市民的过程。二元经济结构不仅阻碍了劳动力、资本、土地、技术等生产要素在城乡区域间的流动，还通过制度转移、政策推进等路径的中断，延缓了我国城镇化的发展。

其三，经济新常态下体制转轨的约束。目前，我国已步入经济发展的新常态阶段，经济增长速度也在不断延缓，经济体制的转轨也进入了关键阶段。体制转轨在制度层面限制了我国农村经济发展的结构性转型，阻碍了城乡经济发展的有效衔接，不利于城镇化发展的深入推进。经济新常态的背景也使得体制转轨的约束作用更加明显。

## 2.1.2 农村产业结构调整的内涵及其影响因素

**（1）农村产业结构调整的内涵界定**

农村产业结构调整的分析前提是我国经济体中存在着城镇和农村二元制结构。农村产业结构与城镇产业结构是相对应的，其反映的是农村经济区域内的产业构成状况的变化过程，具体而言，包括农村各产业之间、产业内部各行业之间的结构性关系调整。事实上，改革开放以来我国农村产业结构在不断转型升级，而农村产业结构的变化进程决定了农村经济发展的过程。在不同的制度安排和经济发展阶段，我国农村产业的构成状况呈现不同的状态，而农村产业结构调整恰恰反映的是这种不同的产业结构状况的演变过程。

第一、二、三产业的结构性调整是反映地区经济结构变化的直观性内容（刘伟和张辉，2008）。同样地，农村经济区域第一、二、三产业的结构性变化是该区域产业结构调整的主要体现（苗丽安等，2003；郭丹等，2010）。但相对于城镇区域而言，农村产业结构调整存在其特殊之处，即农业在农村经济区域依然占主导地位——2012年各省份农村地区的农业就业人数占比均值达到83.76%。因此，优化农业内部各产业（行业）的构成是推动农村产业结构调整的重要内容（宋德军，2013）。然而，农业产业结构的变化更多地体现在"量"的调整方面，若要深入分析"质"的调整，还需要进一步讨论农业产业的专业化（罗元青和王家能，2008；郑风田和程郁，2005）和规模化（陈林和龙自云，2010）。基于国内外学者的相关分析，本书认为，农村产业结构调整指的是农村三次产业结构调整、农业产业结构变化以及农业规模化和专业化的发展历程。

**农村三次产业结构调整**。我国农村三次产业（农村第一、二、三产业）的构成反映出了我国农村经济发展中的结构性状况变化过程。农村第一产业指的是农村经济区域内以利用自然力为主，生产不必经过深度加工就可消费的产品或工业原料的部门，具体包括农村农业部门、农村林业部门、农村渔业、农村畜牧业和农村采集业五个部门。农村第二产业是指农村经济区域内的农村采矿业、农村制造业、农村电力、燃气、水的生产和供应业以及农村建筑业。农村第三产业主要指的是农村服务业，具体包括农村流通部门、农村为生产和生活服务的部门、农村为提高科学文化水平和居民素质服务的部门等。当前，相对于我国城镇三次产业结构而言，我国农村的三次产业结构相对不合理，主要表现为农村三次产业间的资源配置不合理。特别是在农业占比较重的中西部地区，农村第二产业和第三产业的占比相对较小，这便形成"非农产业占比低形成财政不足、财政不足形成产业结构升级乏力"的恶性循环。但是，在这种不合理的后面也有潜在的发展机遇，因为农村第一产业的发展和优化也为农村第二和第三产业的发展供给了剩余劳动力，还为农村第二、三产业劳动力要素提供了马斯洛物质需求条件，同时也为其他产业的发展提供了原材料供给，并构成了其他产业发展的需求市场。城镇化发展则是助推这一"机遇"的重要动力。

那么，目前我国农村三次产业结构的构成是怎样的呢？我国东部农村经济区域的三次产业结构比重由大到小分别是农村第二产业、农村第三产业、农村第一产业，而我国中西部农村经济地区的三次产业结构比重由大到小分别是农村第一产业、农村第二产业、农村第三产业。按照产业结构演变的一般规律，我国在农村三次产业结构调整上的战略目标是实现东部农村地区三次产业结构比重由大到小分别是农村第三产业、农村第二产业、农村第一产业，而我国中西部农村地区的比重由大到小分别是农村第二产业、农村第三产业、农村第一产业。一些农业大省，应当对农村第二产业和农村第三产业给予足够的重视，确保农村三次产业结构合理调整。当然，农村产业结构调整的区域定位原则是区域经济比较优势的充分发挥。

**农业产业结构调整**。如前文所述，农业是农村经济区域三次产业结构的主要构成内容，因此优化农业产业结构对于正处于产业结构转型关键阶段的我国农村经济来说是十分必要和关键的。农业产业结构，主要指的是大农业内部农（种植）业、林业、畜牧业、渔业之间的结构性关系。其中，农业是指狭义的农业，主要是指依托土地资源进行种植生产的传统种植业；林业是指保了护生态环境、维持生态平衡，培育和保护森林从而取得木材和其他林产品，并且利用林木的自然特性以发挥生态防护作用的生产部门；畜牧业，指对各种动物进行人工饲养、繁殖以取得畜牧产品的部门；副业一般是主业以外的生产事业，是主业以外的生产或服务活动，或是农业生产单位及其成员所从事的为农业生产和人们生活服务的附属生产；渔业是指人类利用水域中生物的物质转化功能，通过捕捞、养殖和加工来取得水产品的社会产业。农业产业结构调整，是指根据市场对农产品需求结构的变化改变农、林、牧、副、渔业结构，从而使农业生产和市场需求相协调的过程。农业产业结构调整是我国新兴农业发展的自身需求，也是扩大我国农业国际国内开放程度的客观需求，同时可以有效的提升我国农民的消费结构和收入水平，对于我国农业资源的合理利用也具有重要作用。

我国农业产业结构调整的内容主要包括：其一，积极发展林、牧、副、渔业。林、牧、副、渔产业的发展既是对种植业的一个补充，也是我国农业多样性发展的一个重要体现。林、牧、副、渔业的发展，特别是副业的市场扩张和产量提升，是我国农业产业结构调整优化的重要表现。其二，提升传统种植业的生产率。传统种植业的发展是农业发展的重要组成部分，也是我国经济发展的重要支撑。提升传统种植业的生产率，对于农业产业结构调整也是至关重要的。中共中央十五届三中全会明确提出了我国农业结构调整的方向："确保粮食总产量稳定增长，提高单产和改善品质""在农业发展原材料层面，如农产品的品种等，进行技术优化和改造提升农业产出效率"。

综上可知，我国农业产业结构调整应当是以市场为资源配置的基础手段，各级政府应当充分发挥区位比较优势，一方面要保障农、林、牧、副、渔业的全面发展，另一方面要保证我国农业生产率提升的战略推进过程。

**农业产业规模化和专业化。**由规模化、效益化带动的产业化是我国农业经济结构性发展的重要内容之一，本节深入界定我国农业产业规模化和专业化的内涵。

其一，农业产业规模化。所谓农业产业规模化是指农业的产业化推进过程中，区域各农业微观主体在市场运行中形成的企业规模效应，以及由此形成的区域农业发展规模效应。事实上，农业产业化和农业规模化是互相促进的，农业产业化推动了我国农业规模化进程的提升，农业规模化又引致我国农业产业化的不断深化。在农业产业规模化的推进中，各农村经济区域根据其自身的自然资源条件、政府政策状态、要素条件等外部因素，确定其自身的农业产业发展规模及其构成，提升农业的生产效率、产出水平和外溢效应，进而推动农业的发展。其中，劳动力、资本、技术和全要素生产率在区域、产业、主体之间的配置是农业产业规模效应发挥的核心机制。适度规模的经营是农业产业规模化中所必须遵循的准则。过度的规模化不仅不能获取良好的边际效益，还会增加规模主体之间的交易成本，不利于提升农业产出效率。在农业产出规模化的评价当中，应当注意：一方面，规模进程中各生产要素的构成和作用是否符合其区位规律和优势；另一方面，规模化进程中各主体之间的协调性是否合理。

其二，农业产业专业化。所谓农业产业专业化是指某个农业企业或者某个农村经济区域在经营过程中将多产品生产或横向跨领域的发展战略向某个特定产品生产或专业领域发展战略转变的一种生产模式。选择某个特定产品生产或专业领域发展战略的原则为该产品是否符合本企业或本区域的农村经济比较优势。农业产业专业化是区域内农业发展进程中社会分工作用的结果，也是农业需求市场不断扩大、结构不断优化的结果。在农业发展的初期，一方面农业生产分工不明确、农业产品的市场需求不存在显著的结构性需求差异，另一方面社会分工引致的农产品的可替代性和产品异质性对农业产业专业化需求并不高。在农业发展的后期，农业生产的市场需求已经从"量"的需求转型到了"质"的需求，消费者对农产品的需求也由粗放式的需求向精益需求转变。这在供给侧和需求侧两个方向拉动了我国农业产业的专业化趋势发展。目前，我国农业产业专业化发展的制约因素较多，既有自然资源条件的约束，也有供给层面的技术水平层面的影响，当然还包括交通基础设施建设、交易成本等外在因素的影响，而最终的决定因素是农产品的供给和需求市场，市场在资源配置中起到了基础性作用，对我国农业产业专业化产生了重要的影响。农业产业专业化的推进具有重要的现实意义。首先，农业产业专业化可以有效地推动我国各地区农业经济比较优势的充分发挥。其次，农业产业专业化使得原本粗放式的农业生产方式不断向密集型和精益式的农业发展方式转变，再其次，农业产业专业化使得我国农业发展的技术水平和要素效率得到不断的推进。最后，农业产业专业化减少了我国市场盲目性引致的交易成本提升问题。

（2）农村产业结构调整的影响因素

我国农业产业结构调整的影响因素主要包括：

第一，需求因素。市场导向是经济结构发展转变的重要风向标。在我国农村经济发展过程中，市场需求对我国农村经济发展产生了非常重要的作用。一方面，随着我国农产品市场的不断拓展，农产品消费也逐渐呈现扩大化和精益化两大特点，农产品的生产和供给也在需求的作用下不断发生改变。另一方面，农村经济的产出当中很大部分是第二、三产业的原材料产品。在国际和国内产业结构不断升级的背景下，原材料的需求也在不断发生改变，由此形成的农村产业结构也在不断地发生改变和调整。

第二，供给因素。在新兴产业反哺传统产业，非农产业带动农村经济的大环境下，农村劳动力优化配置、投资转向升级、技术革新等因素推动着我国农村产业结构不断顺应经济结构优化的潮流进而发生改变。目前，在政府投资的引导下，我国东部农村经济地区的投资方向和劳动力流向逐步由第一、第二产业向第三产业转变，而我国中西部地区农村经济地区的投资方向和劳动力流向逐步由第一产业向第二、三产业转变。在我国，供给因素对农村产业结构调整的影响主要体现为政府投资的导向性作用。

第三，技术进步因素。随着我国各个产业和行业技术进步的推动，我国相关产业的发展和变革也在相应地发生改变。尤其是，针对相对比较保守的农村经济市场，技术进步带来的冲击更为强烈和显著。在技术进步的带动下，一些高技术含量的新型产业犹如雨后春笋般茁壮生长起来，而一些不具备技术优势的传统产业逐渐失去了其竞争力。产业间的优胜劣汰使得我国农村产业结构不断发生着调整和改变。

第四，制度因素。制度因素集中体现在我国政府的产业政策、"三农"政策以及区域发展政策方面。近年来，随着我国"三农"扶持政策力度的不断加大，我国农村经济获得了迅速发展，农村经济结构也在不断优化升级。制度因素是影响我国农村产业结构调整的约束性因素，而其影响作用往往是更为直接的。

第五，社会因素。社会因素是指社会上的各种事物，它们的存在和作用影响着人们态度的形成和改变。如农村居民和城镇居民的消费和投资意识对农村产业结构调整具有重要的影响；农村和城镇的社会资本差异以及社会资本在不同产业和行业之间的差异也带动着农村产业结构的调整。除此之外，我国农村产业结构调整还受到已有社会制度、社会意识形态、社会体制规制等因素的影响。

## 2.2 城镇化发展与农村产业结构调整互动机制的理论分析

探讨城镇化发展与农村产业结构调整之间的互动影响机制是本书理论分析的主要内容。结合前文对农村产业结构的划分，本节分别阐释城镇化发展与农村三次产业结构调整、农业产业结构调整、农业产业规模化和专业化三者之间的互动机制。

## 2.2.1 城镇化发展与农村三次产业结构调整互动机制分析

农村剩余劳动力转移、规模效应和外部性效应是城镇化发展与农村三次产业结构调整形成互动影响机制的主要理论路径。

（1）农村剩余劳动力转移视角下城镇化发展与农村三次产业结构调整互动机制

城镇化发展与农村剩余劳动力转移是相伴而生的，而农村剩余劳动力的转移方向不仅包括城镇经济区域，也包括农村经济区域（李亦楠和邱红，2014）。在此理论逻辑下，城镇化发展引致的农村剩余劳动力在农村经济区域内各产业间的流动会改变农村经济区域内部的产业结构。

其一，农村剩余劳动力转移理论路径下城镇化发展对农村三次产业结构调整的影响：一般而言，在城镇化发展的推动下，农村剩余劳动力的流向与一般产业结构调整规律是一致的，这使得农村三次产业结构调整的趋势也与一般产业结构调整规律基本一致，进而使得城镇化发展对农村产业结构调整的推动作用呈现阶段性特征。初期，受到农村区域经济的产业布局限制，农村第二、三产业的发展相对迟缓，农村经济区域内部的剩余劳动力不能有效地进入农村新兴产业，而是逐步流向收益率较高的其他农村传统产业，进而促进农村第一产业的不断发展。同时，通过劳动力的释放、人力资本提升和产业"模仿"作用的引导，农村第二产业被不断推动进步。之后，农村第一产业逐步趋稳，规模化、集约化和技术化农业形成常态，总量不断提升，但其占比却不能与农村第二产业同日而语，农村第二产业的高收益率和农业对其产业发展的需求使得农村第二产业不断发展，其产业占比也在迅速提升，带动了农村工业化发展。最后，在城镇经济的引领下，农村第二产业对剩余劳动力的需求逐步饱和，经济服务化逐步成为农村经济发展的主要导向，农村剩余劳动力的不断涌入使得农村第三产业获得巨大发展潜力，农村第三产业占比不断提升。

其二，农村剩余劳动力转移理论路径下农村三次产业结构调整对城镇化发展的影响：农村经济区域内部三次产业结构的调整使得农村剩余劳动力在城乡间的产业流动不断发生改变，进而在人口城镇化理论渠道下带动了城镇化发展。当然，农村三次产业结构的调整也在改变着农村经济区域的用地结构,进而推动了土地城镇化发展。一般而言,随着农村产业结构的优化调整,流向城镇经济区域的剩余劳动力受到"压缩",这使得城镇化发展也受到一定的限制。随着农村新兴产业的发展,对高素质劳动力的需求在不断增加,无法匹配农村新兴产业发展需要的农村剩余劳动力的释放力度进一步加大,城镇化发展水平也在不断提升。据此可得出结论,农村第一产业和第二产业占比对城镇化发展的影响均呈现"U 型"态势,而农村第三产业占比对城镇化发展的影响呈现"倒 U 型"态势。

(2) 规模效应和外部性效应视角下城镇化发展与农村三次产业结构调整互动机制

规模效应体现了农村经济区域内要素规模化集聚的经济效应,而外部性效应展现了农村经济区域内的技术外溢和城镇经济发展理念外溢。

其一,规模效应和外部性效应理论路径下城镇化发展对农村三次产业结构调整的影响:首先,城镇化发展使得农村经济区域内部劳动力、资本、技术等要素在农村产业间呈现差异化的集聚态势,进而通过不同产业的不同规模化效应影响着农村三次产业结构的调整。其次,城镇化发展过程中,城镇经济的发展理念变化也引领着农村经济区域内产业发展理念的变化,影响着农村三次产业结构的调整,进而促进农村产业结构朝着高级化和合理化的趋势发展。最后,技术外溢拉动了农村经济区域的人力资本提升和技术进步,人力资本的提升不仅体现为农村劳动力的素质提升,还体现为农村居民投资理念的转变,技术进步改变了不同产业的技术贡献度,在这两个层面影响着农村三次产业结构调整。

其二,规模效应和外部性效应理论路径下农村三次产业结构调整对城镇化发展的影响。一方面,农村产业结构调整推动了要素在农村经济区域内部不同产业的集聚,进而在规模化的效应下加速了城乡间的要素融合,推动了城镇化的发展。另一方面,农村产业结构调整过程中的技术外溢加速了城乡间的要素互动,进而拉动了城镇化的发展。同时,技术外溢的提升使得农村剩余劳动力的释放力度进一步加大,人口城镇化进程也在不断提升。

(3) 城镇化发展与农村三次产业结构调整互动影响的区域差异

市场机制、劳动力素质和居民经济意识是影响农村剩余劳动力转移的重要因素。中西部区域的市场机制不够完善、农村居民的经济意识相对保守、基础设施亟待优化、农业主体地位较强但市场活力薄弱，因此该区域城镇化发展对农村三次产业结构调整影响的显著性相对较弱。东部区域则农村地区市场活力较强、市场机制完善，非农产业发展的潜力较大，所以该区域城镇化发展对农村三次产业结构调整影响的显著性相对较强。

### 2.2.2 城镇化发展与农业产业结构调整互动机制分析

城镇化发展与农业产业结构调整作为农村区域经济系统的重要组成部分，二者通过要素、信息、市场等因素联系在一起，这种联系表现在城镇化发展的各个基础环节上，二者的互补性很强。一方面，城镇化发展通过生产要素的空间配置，为农业产业结构的调整提供了驱动因素。另一方面，农业作为我国第一产业的主要内容，其产业结构的调整对城乡经济结构的变化也产生了重要的影响。那么，城镇化发展对农业产业结构调整的影响是正向的还是负向的呢？农业产业结构调整对城镇化发展的影响是长期的还是短期的呢？本节在这两个问题的牵引下具体分析城镇化发展与农业产业结构调整之间的互动机制。

(1) 城镇化发展对农业产业结构调整的影响机制

如前所述，农业产业结构主要指的是大农业内部农（种植）业、林业、畜牧业、渔业之间的结构性关系。其中，林、牧、副、渔产业的发展既是对种植业的一个补充，也是我国农业多样性发展的一个重要体现。林、牧、副、渔业的发展，特别是副业的市场扩张和产量提升，是我国农业产业结构调整优化的重要表现。在不同的经济发展阶段，城镇化发展对农业产业结构调整的影响具有推动和制约两方面的效应。

**城镇化发展影响农业产业结构调整的正向效应。**

其一，要素流动视角下城镇化发展对农业产业结构调整的正向影响。首先，在劳动力要素层面，城镇化的发展使得大量农村劳动力从传统种植业中剥离出来，而剥离的劳动力有一部分进入了林、牧、副、渔业，特别是副业，这在传统种植业收益率较低的经济背景下，既补充了农业发展的多样性，又为传统种植业发展提供了极好的产业支持，进而推动了农业产业结构的优化调整。其次，在资金要素层面，城镇化发展可以为大农业内部新兴产业的发展提供强大资金支持。城镇经济的资金支持表现为两个方面：一是农业经济发展中资金投入总量的增加，使得农业内部逐步从劳动密集型产业主导向资金密集型产业主导转变；二是城镇资金在农业内部各产业的分布引导了农业产业结构调整。另外，在国家区域政策作用下，城镇的非农产业反哺农业，为农业产业发展提供资金支持，进而通过资金的行业倾斜促进农业产业结构的调整。再其次，在技术溢出层面，城镇化发展对农业产业发展产生了显著的技术外溢效应，而技术外溢的产业倾向性又引导了农业产业结构调整。同时，在城镇化发展过程中，技术外溢效应作用下的农业技术进步推动了农业经济增长方式的转变，调整了农业产业结构。最后，在土地要素层面，一方面，城镇化的快速发展使得对城镇建设用地的需求越来越大，城镇规模的扩张受到土地空间的不可移动性和耕地的红线的双重限制，而城镇化带来的农转非问题使得农村建设用地出现大规模的闲置，这种状况的出现既弥补了城镇建设用地的不足，也为城乡融合背景下农业的多样性发展和产业结构调整提供了契机。另一方面，城镇化发展可以推动农业生产率的提高，促进土地集约利用，而土地利用方式的转变也调整了农业的产业结构。城镇工业提供的农业机械、化肥、水利等投入，可以提高农业生产率，而农业生产率的提高又可以推动农用地的集中利用，促进农业生产规模化和专业化，进而调整了农业的产业结构。

其二，需求机制下城镇化发展对农业产业结构调整的正向影响。一方面，城镇化发展引致的农村剩余劳动力转移也带动了消费人口的扩大，同时随着人们生活水平的提高，对农产品的消费数量、结构和品质的需求也发生了很大变化，这为农业产业结构的调整创造了原动力。另一方面，城镇化发展中企业对农村经济区域的原材料市场需求也在逐步增加，而企业对原材料的结构性需求也引致农业产业结构的不断调整。城镇化发展的合理结构，通过原材料需求的正外部性路径拉动了农业产业结构的优化调整。

**城镇化发展影响农业产业结构调整的负向效应。**

其一，农村剩余劳动力转移视角下城镇化发展对农业产业结构调整的负向影响。一方面，城镇化的发展使得大量农村劳动力从农业中转移出来，这在人力资源和人力资本两个层面阻碍了农业产业结构调整。在人力资源方面，农业劳动力的流失使得大农业中新兴产业的发展面临着劳动力匮乏的窘境。在人力资本方面，农村剩余劳动力转移使得人力资本本就较低的农业面临着人才困境，人力资本的减少使得农业产业结构调整缺乏动力机制。另一方面，农村剩余劳动力的过度转移，如空心村现象等，降低了农业各部门和各行业的生产效率，农业的封闭性和自给自足性在不断强化，农业产业结构调整路径被迟滞了。

其二，城乡经济融合对农业发展的经济"挤压"不利于农业产业结构的调整。城乡经济融合加速了人口城镇化和土地城镇化，人口城镇化"挤压"了农村的劳动力要素，而土地城镇化使得高度依赖于土地的农业受到极大的挑战，劳动力和土地要素的受限不利于推进农业产业结构调整。

综上所述，城镇化发展对农业产业结构调整的影响具有正向和负向的双重效应，而这双重效应使得城镇化发展对农业产业结构调整的影响呈现阶段性特征。一般而言，适度的城镇化发展可带动农村剩余劳动力在农村经济区域的释放，加速农业产业结构的优化调整。同时，城镇化进程中，在资金要素、技术外溢、土地要素的作用下，城镇化发展也驱动着农业产业结构的调整。然而，过度的城镇化发展挤压了农业发展的劳动力等要素优势，不利于推动农业产业结构的优化调整。

（2）农业产业结构调整对城镇化发展的影响机制

农业作为经济发展的基础产业，其产业结构的调整直接影响着城镇化发展的进程。然而，与城镇化发展不同的是，农业产业结构的调整是一个相对更为缓慢的动态过程（柯福艳和顾益康，2013），而且农业产业结构的政策推动效应要远远低于城镇化发展（"城镇化进程中农村劳动力转移问题研究"课题组和张红宇，2011）。故此，农业产业结构调整对城镇化发展的影响更多地体现在其长期效应上，短期效应的显著性并不强。

其一，供给和需求视角下农业产业结构调整对城镇化发展的长期影响。随着城镇化发展的推进，城镇人口不断增加，对农产品的需求也就增加，所需农产品主要包括传统种植业供给的农产品和林牧副渔业供给的农产品。农业产业结构的调整引致农产品市场供应结构的调整，进而逐步为城镇化发展提供了良好的支撑条件。农业产业的发展不仅可以为城镇提供各类型的农产品，而且可以给城镇工业发展提供广阔的市场，比如农业生产所需的器械、化肥、农药等农用物资，农民需要的冰箱、空调、电视等来自城镇的工业生产，所以农村的各类需求促进了城镇工业的发展，为城镇化提供了广阔的市场。但是，这种影响机制更多是一种长期效应的作用机制。

其二，生产要素视角下农业产业结构调整对城镇化发展的长期影响。首先，农业产业结构调整优化了城镇化发展的原料保障。一般而言，工业大多是从轻纺工业开始，而轻纺工业所需的棉、麻、羊毛、树木等原料均来自农业生产，农业是农产品加工原料的提供者。农业产业结构的调整影响着原料的供应质量和结构，进而影响着城镇经济的发展，并在长期效应下影响着城镇化的发展进程。其次，农业产业结构调整优化了城镇化发展的人力保障。从城镇初始形成看，农业生产力水平的提高引起城镇人口从农业人口中的分离，所以农业生产力水平和机械化程度越高，农业劳动的生产率就越高，那么所需的农业劳动力就越少，进而释放出很多劳动力，为城镇化发展提供了劳动力保障。但是，我国城镇化发展一直注重人口的城镇化，使得城镇人口基数较大，城镇失业依旧存在，所以农业释放的劳动力对城镇化的短期影响作用还并不突出。最后，农业产业结构调整为城镇化发展提供了土地需求。城镇化发展的推进需要土地作为依托，而城镇化的扩张所占用的土地首当其冲就是农用地。一般而言，农业土地生产率的高低很大程度上影响着城镇占用农用地的多少，在城镇占用农用地满足农产品供给充足和生态环境不受损害的前提下，如果土地生产率比较高，则可以用更少的土地生产农产品，释放出的农用地也就更多，留给城镇扩张的空间也就更大。

其三，可持续发展视角下农业产业结构调整对城镇化发展的长期影响。农业不仅为城镇居民提供了多样化的农产品，而且生态化农业的发展又为提升城镇化的可持续发展创造了条件，并在一定程度上"输送"了城镇化可持续发展理念。同时，农业产业结构调整可以提高土地集约度、控制环境污染、提高农产品效率，也可以为城镇未来发展提供空间，所以农业产业的合理调整可以在长期效应下引导城镇化向绿色、低碳方向发展。

综上所述，农业产业结构的调整是一个缓慢的长期动态进程，农业产业结构调整对城镇化发展的短期效应并不显著，而在供给与需求、生产要素和可持续发展等路径下，农业产业结构调整对城镇化发展产生长期的影响。

### 2.2.3 城镇化发展与农业产业规模化和专业化互动机制分析

城镇化发展是我国现代化的必由之路，是我国经济社会转型的关键之一。农业产业的规模化和专业化则是我国农业现代化的基本途径，是推动我国经济协调发展和解决"三农"问题的应有之举。探讨城镇化发展与农业产业规模化和专业化之间的互动关系，对于分析城镇化背景下我国农业发展具有重要的理论和现实意义。

(1) 城镇化发展与农业产业规模化的相互影响机制

**城镇化发展对农业产业规模化的影响机制。**

土地集约利用、生产组织方式转变和区域间劳动力转移是我国农业产业规模化发展的重要作用机制，而城镇化的发展可以有效地通过这三方面的路径影响农业产业的规模化。

其一，土地集约利用机制。城镇化的发展也就意味着城镇地区在空间地理上的扩张，城镇地区不断地占用城镇郊区甚至是离城镇较近的农村地区，使得农村地区用于农业生产的土地面积不断缩小。由于城镇往往是农产品的主要市场集中地，为了便于运输，很多农业用地便就近分布在城镇周围，于是城镇化的发展给农业提出了更高的单位面积产出的要求，刺激了农业产业的规模化发展。

其二，生产组织方式转变机制。城镇化发展加速，通过基础设施的完善与延伸，将城镇和农村紧密联系在一起，使得城镇丰裕的资本和先进的技术能够进入农村地区，促进农业生产力的提高和生产组织方式的变化。生产率的提升和生产组织方式的优化则直接推动了农业的规模化发展（曹俊杰等，2014）。张益丰和刘东（2012）认为，农业生产组织形式的落后是我国农业发展缺乏规模化效应和专业化效应的重要制约因素，而以企业为主体的农业合作组织经营模式优化是推进我国农业发展现代化、规模化和专业化的主要路径。

其三，区域间劳动力转移机制。我国二元经济结构的基本国情造就了农业生产力的提高和城镇化的发展必然会引起农业出现剩余劳动力，而这些农业剩余劳动力中的相当一部分将进入城镇地区就业，被城镇化发展进程所增加的工作岗位吸引（范德成等，2011）。此外，城镇的消费水平更高，农业生产的农副产品主要在城镇地区找到相应的商品市场或者通过临近城镇转运到其他地区，城镇化发展将在要素需求和商品需求上给予农业产业规模化和专业化的强力支撑。

**农业产业规模化对城镇化发展的影响机制。**

现行农业产业仍然采用小规模、细碎化、粗放式的经营方式，这种方式不利于发挥农业经济的规模效应，也不利于农业的长期发展。农业产业的规模化经营是农业产业的长期发展的必然趋势，为实现这一目标，农业产业将采用现代化机械化的生产方式，使用更少的人力资源和土地资源，获得更大的经济产出，在现有的基础上提高经营的效率，从而实现农业生产的规模化，同时根据各地区的地理气候特征，发挥各地的要素禀赋优势，实现农业生产的专业化。这一过程将带来大量农村剩余劳动力，正好可以为城镇化发展提供人力资源。实践表明，农业产业的规模化经营是我国现阶段提高农业劳动生产率，加快城镇化进程的有效途径（崔传斌等，2008）。此外，受到价值规律的影响，城镇周边用地价格将随着城镇化发展的推动而上涨，农业的规模化和现代化将利用比以往更少的土地资源，通过重新对农村土地进行科学的整理规划，向城镇提供多余的土地资源。同时，农业产业的规模化也将给城镇地区提供从事工业生产所需的大量初级原料和中间品，保障了城镇化的进一步发展。

综上所述，城镇化发展与农业产业规模化发展是相辅相成的，双方均不能脱离对方单独存在和发展，在它们各自发展的同时，可以充分利用对方带来的外部性，实现整个经济社会的协调发展。

（2）城镇化发展与农业产业专业化的相互影响机制

刘志扬（2003）在其研究中发现，区域农业产业专业化的发展与地区自然条件、经济社会发展程度、市场化程度以及科技进步等因素都存在显著的相关性。然而其研究也发现，我国市场和农业企业的发展还并不成熟，农业产业专业化更多地受到自然条件、区位特点以及历史特征的影响。姚文戈和滕代娣（2005）的研究也证实了这一点并认为，我国农业产业专业化发展存在着路径固有化的机制特征，而该特征表现为部门专业化、地区专业化转向农场专业化，进而转向工艺专业化。其中，在部门专业化和地区专业化的基础上，农场专业化在不断完善，而随着农场专业化水平的不断提升，工艺专业化水平也在逐步提升。在此路径机制下，城镇化发展不能显著地影响沿着固有化路径发展的我国农业产业专业化。同时，城镇化发展作为外在社会经济约束条件，不能有效地改变农业产业专业化固有路径。

另外，以粗放式为主要形式的我国农业，更多地重视农业"量"的发展，却忽视了结构性分工的发展，这也造成我国农业规模化发展较快、专业化发展相对迟滞。目前，我国农业内部各产业之间相对较低的分工协作程度也使得我国农业发展倾向于产业集群而不是产业专业化。城镇化发展引致的城乡经济融合可以有效地带动农业规模化，却不能显著地影响农业专业化。

总而言之，在土地集约利用、生产组织方式转变和区域间劳动力转移等理论路径下，我国城镇化发展与农业产业规模化之间呈现显著的相互影响关系。然而，在专业化固有发展路径机制下，我国城镇化发展与农业产业专业化之间的相互影响关系并不显著。

## 2.3 城镇化发展与农村产业结构调整互动机制的模型构建

在本章的 2.2 部分中，我们在理论层面探讨城镇化发展与农村产业结构调整之间的互动影响机制。本节将利用农村经济产业结构模型，系统模拟城镇化发展与农村三次产业结构调整、农业产业结构调整、农业产业规模化及专业化三者之间的互动机制。

### 2.3.1 城镇化发展与农村三次产业结构调整互动机制模型

假设农村区域存在两个产业类型：一是农村传统产业（$a$），包括传统农业和相配套的林、牧、副、渔业；二是农村新兴产业（$m$），主要是指农村经济区域的一些新兴农业部门和非农部门。产业 $i$（$i = a, m$）的产出函数可表示为：

$$y_i = (A_i + \zeta_i \cdot L_i^p)(L_i + \gamma_i \cdot L_i^p)^\alpha K_i^\beta \tag{2.1}$$

其中，$A_i$、$L_i$ 和 $K_i$ 分别表示农村区域 $i$ 产业的初始技术水平、劳动力数量以及资本存量；$\zeta_i$ 表示 $i$ 产业的技术外溢系数，$\gamma_i$ 表示劳动力要素的集聚系数；$L_i^p$ 表示进入 $i$ 产业的农村剩余劳动力数量；$\alpha$ 和 $\beta$ 分别表示劳动力和资本的弹性系数。考虑到我国农村区域经济发展的特征，做出如下假设：①$\zeta_m > \zeta_a$，农村新兴产业技术外溢性要强于农村传统产业；②$\gamma_m > \gamma_a$，农村新兴产业劳动力集聚效应相对较强，而农村传统产业发展中劳动力集聚带来的产出效应相对较弱；③由于农村新兴产业的技术水平和工资水平相对较高，农村新兴产业的劳动力供给相对较高，即 $A_m > A_a$，$L_m > L_a$；④农村区域剩余劳动力总量 $ub$ 的增加表示农村经济区域城镇化发展水平的提升，而农村剩余劳动力流向农村区域传统和新兴两类产业，即 $ub = L_a^p + L_m^p$。

然而，城镇化发展对产业的推动作用是具有阶段性的，即存在短期效应和长期效应。在短期内，受到农村区域经济的产业布局限制，农村剩余劳动力不断流向农村传统产业①，却不能及时进入农村经济区域的新兴产业。可假

---

① 当然，农村剩余劳动力的主要流向是城镇区域和沿海经济发达区域，而就农村经济区域内部而言，城镇化发展带动了农村剩余劳动力的释放，短期内这些剩余劳动力为了获取更高的收入来源，会逐步摆脱传统种植业的束缚，不断向农村传统的林、牧、副、渔业溢出。

设城镇化发展中引至的农村剩余劳动力人口量 $L_a^p = ub$，而 $L_m^p = 0$。产出函数分别为：

$$y_a = (A_a + \zeta_a \cdot ub)(L_a + \gamma_a \cdot ub)^\alpha K_a^\beta, \quad y_m = A_m L_m^\alpha K_m^\beta \tag{2.2}$$

农村传统产业占比 $\theta_a = \dfrac{y_a}{y_a + y_m}$，农村新兴产业占比 $\theta_m = \dfrac{y_m}{y_a + y_m}$。

$$\frac{d\theta_a}{dub} = \frac{y_m [\zeta_a L_a + \alpha \gamma_a A_a + (1+\alpha)\zeta_a \gamma_a ub](L_a + \gamma_a ub)^{\alpha-1} K_a^\beta}{(y_a + y_m)^2} > 0 \tag{2.3}$$

$$\frac{d\theta_m}{dub} = -\frac{y_m [\zeta_a L_a + \alpha \gamma_a A_a + (1+\alpha)\zeta_a \gamma_a ub](L_a + \gamma_a ub)^{\alpha-1} K_a^\beta}{(y_a + y_m)^2} < 0 \tag{2.4}$$

由公式（2.1）和公式（2.2）可知，初期城镇化的推进可以提升农村传统产业的占比，却不利于提升农村新兴产业的占比。这样的产业演变趋势既符合城镇化的运作机制，也符合现代产业的演变趋势。

在长期阶段，在经济服务化的大趋势下，农村新兴产业的工资水平、市场优势逐渐显现，农村剩余劳动力不断由农村传统产业流向农村新兴产业。此时，对于农村传统产业而言，$L_a^p = \lambda \cdot ub$，而 $L_m^p = (1-\lambda) \cdot ub$，且 $0 < \lambda < 1$。

农村传统产业产出函数：$y_a = (A_a + \lambda \zeta_a ub)(L_a + \lambda \gamma_a ub)^\alpha K_a^\beta$

农村新兴产业产出函数：$y_m = [A_m + (1-\lambda)\zeta_m ub][L_m + (1-\lambda)\gamma_m ub]^\alpha K_m^\beta$

分别求解 $\theta_a$ 和 $\theta_m$ 关于 $ub$ 的导数，可知：

$$\frac{d\theta_a}{dub} = \frac{y_a y_m}{ub(y_a+y_m)^2}\left(\frac{ub\,dy_a}{y_a\,dub} - \frac{ub\,dy_m}{y_m\,dub}\right) = \frac{y_a y_m}{ub(y_a+y_m)^2}(e_{ub}^{y_a} - e_{ub}^{y_m}) \tag{2.5}$$

$$\frac{d\theta_m}{dub} = \frac{y_a y_m}{ub(y_a+y_m)^2}\left(\frac{ub\,dy_m}{y_m\,dub} - \frac{ub\,dy_a}{y_a\,dub}\right) = \frac{y_a y_m}{ub(y_a+y_m)^2}(e_{ub}^{y_m} - e_{ub}^{y_a}) \tag{2.6}$$

由公式（2.3）和公式（2.4）可知，当城镇化影响农村新兴产业的弹性系数大于城镇化影响农村传统产业的弹性系数时，城镇化的推动可以提升农村新兴产业的占比，却降低了农村传统产业的占比。

由 $e_{ub}^{y_a} - e_{ub}^{y_m} = \dfrac{ub}{y_a}\dfrac{dy_a}{dub} - \dfrac{ub}{y_m}\dfrac{dy_m}{dub}$，且 $\dfrac{dy_a}{dub} - \dfrac{dy_m}{dub} < 0$ 可知：长期而言，城镇化对农村产业结构的影响经过两个阶段：第一阶段，农村传统产业产出水平远高于农村新兴产业时，城镇化发展依然推动着农村传统产业占比的上升；第二阶段，随着农村新兴产业的发展，当农村新兴产业产出水平高于农村传统产业时，城镇化推动着农村新兴产业占比的上升。由此得出理论命题：其一，技术外溢、要素集聚以及农村剩余劳动力释放是城镇化发展推动农村产业结构调整的主要路径机制。其二，城镇化发展对农村产业结构调整经过了两个

阶段：第一阶段，城镇化推动了农村经济区域传统产业占比的提升；第二阶段，城镇化推动了农村经济区域新兴产业占比的提升。

按照这一路径，在第一阶段，产业结构调整是城镇化发展的重要内容之一，传统产业占比的提升使得城镇化推动的边际效应不断递减，传统产业对城镇化发展的作用是负向的；反之，新兴产业占比的提升对城镇化发展的作用是正向的。在第二阶段，城乡经济比较优势得到充分发挥，农村经济区域的第一、二产业优势得到充分体现，即城镇化发展不断推动着农村经济区域传统产业占比的提升，却不利于农村经济区域新兴产业占比的提升。

由此可得出以下理论结论：其一，城镇化发展对农村第一、二产业占比的影响路径是"倒U型"的，而其对农村第三产业占比的影响路径是"U型"的，且这些影响路径在不同经济区域呈现一定的差异性。其二，农村第一、二产业占比对城镇化发展的影响路径是"U型"的，而农村第三产业占比对城镇化发展的影响路径是"倒U型"的，且这些影响路径在不同经济区域呈现一定的差异性。

那么，农村三次产业结构调整对城镇化发展的反向影响路径又是怎样的呢？由 $\frac{dy_a}{dub} - \frac{dy_m}{dub} < 0$ 可知，农村剩余劳动力释放是城镇化发展推动农村产业结构调整的主要路径机制。反之，随着农村传统产业的发展，农村剩余劳动力释放也在相应下降，城镇化水平降低；而随着新兴产业的发展，农村剩余劳动力的释放力度进一步加大，城镇化发展水平提升。据此可得出结论：农村第一、二产业占比对城镇化发展的影响均呈现"U型"态势，而农村第三产业占比对城镇化发展的影响呈现"倒U型"态势。

## 2.3.2 城镇化发展与农业产业结构调整互动机制模型

如前所述，农业是涵盖了农、林、牧、副、渔业的一个广义概念，其中农业是指利用土地资源进行种植生产的种植业，而林、牧、副、渔产业的发展既是对种植业的补充，也是我国农业多样性发展的重要体现。林、牧、副、渔业的发展，特别是副业的市场扩张和产量提升，是我国农业产业结构调整优化的重要表现。此时，假定农业的生产函数表示为：

$$y_a = y_{ac} + y_{af} \\
= (A_{ac} + \zeta_{ac} \cdot L_{ac}^p)(L_{ac} + \gamma_{ac} \cdot L_{ac}^p)^\alpha K_{ac}^\beta + (A_{af} + \zeta_{af} \cdot L_{af}^p)(L_{af} + \gamma_{af} \cdot L_{af}^p)^\alpha K_{af}^\beta$$

(2.7)

其中，下标 $ac$ 表示农业当中的传统种植业，而下标 $af$ 表示林、牧、副、渔产业。因为传统种植业的劳动力要素已经相对饱和，且经营方式也相对比较封闭，所以可以假定 $\zeta_{ac} < \zeta_{af}$ 且 $\gamma_{ac} < \gamma_{af}$，即传统种植业的技术外溢性和劳动力集聚效应都要弱于农业当中的林、牧、副、渔产业。

依据前文中 $L_a^p = \lambda \cdot ub$ 的假设，可知 $L_{ac}^p + L_{af}^p = L_a^p = \lambda \cdot ub$，即 $ub = \dfrac{L_{ac}^p + L_{af}^p}{\lambda}$。

在初期阶段，对于已经相对饱和①的种植业而言 $L_{ac}^p = 0$，即剩余劳动力不增加甚至出现外流；而对于林、牧、副、渔业而言 $L_{af}^p = \lambda \cdot ub > 0$，即进入农村传统产业的剩余劳动力会进入林、牧、副、渔业。此时，产出函数分别为：

$$y_{ac} = A_{ac} L_{ac}^\alpha K_{ac}^\beta, \quad y_{af} = (A_{af} + \zeta_{af} \cdot \lambda \cdot ub)(L_{af} + \gamma_{af} \cdot \lambda \cdot ub)^\alpha K_{af}^\beta \quad (2.8)$$

在农村传统产业当中，种植业占比 $\theta_{ac} = \dfrac{y_{ac}}{y_{ac} + y_{af}}$，林、牧、副、渔业占比 $\theta_{af} = \dfrac{y_{af}}{y_{ac} + y_{af}}$。

$$\dfrac{d\theta_{ac}}{dub} = \dfrac{-\lambda y_{ac}\left[\zeta_{af} L_{af} + \alpha \gamma_{af} A_{af} + (1+\alpha)\lambda \gamma_{af}\zeta_{af} ub\right](L_{af} + \lambda\gamma_{af} ub)^{\alpha-1} K_{af}^\beta}{(y_{ac} + y_{af})^2} < 0 \quad (2.9)$$

$$\dfrac{d\theta_{af}}{dub} = \dfrac{\lambda y_{ac}\left[\zeta_{af} L_{af} + \alpha \gamma_{af} A_{af} + (1+\alpha)\lambda \gamma_{af}\zeta_{af} ub\right](L_{af} + \lambda\gamma_{af} ub)^{\alpha-1} K_{af}^\beta}{(y_{ac} + y_{af})^2} > 0 \quad (2.10)$$

由公式（2.9）和公式（2.10）可知，初期城镇化发展可以提升林、牧、副、渔业的占比，却不利于提升传统种植业的占比。

在长期阶段，在农业技术化水平不断提升、粮食政策引导和传统种植业收益率提高的大背景下，林、牧、副、渔产业的剩余劳动力吸纳能力受限，剩余劳动力不断向传统种植业"返流"。此时，对于农业中的传统种植业而言，$L_{ac}^p = \psi \cdot L_a^p = \psi \cdot \lambda \cdot ub$，而林、牧、副、渔业吸纳的剩余劳动力 $L_{af}^p = (1-\psi) \cdot L_a^p = (1-\psi) \cdot \lambda \cdot ub$，且 $0 < \psi < 1$。

农业传统种植业产出函数：$y_{ac} = (A_{ac} + \psi\lambda\zeta_{ac} ub)(L_{ac} + \psi\lambda\gamma_{ac} ub)^\alpha K_{ac}^\beta$

农业林、牧、副、渔业产出函数：$y_{af} = [A_{af} + (1-\psi)\lambda\zeta_{af} ub][L_{af} + (1-\psi)\lambda\gamma_{af} ub]^\alpha K_{af}^\beta$

---

① 劳动力饱和既包括劳动生产率未提升引致的劳动力数量饱和，也包括劳动力的要素收益较低引至的要素流入意愿饱和。

分别求解 $\theta_{ac}$ 和 $\theta_{af}$ 关于 $ub$ 的导数，可知：

$$\frac{d\theta_{ac}}{dub} = \frac{y_{ac}y_{af}}{ub(y_{ac}+y_{af})^2}\left(\frac{dy_{ac}}{dub}\frac{ub}{y_{ac}} - \frac{dy_{af}}{dub}\frac{ub}{y_{af}}\right) = \frac{y_{ac}y_{af}}{ub(y_{ac}+y_{af})^2}(e_{ub}^{y_{ac}} - e_{ub}^{y_{af}}) \quad (2.11)$$

$$\frac{d\theta_{af}}{dub} = \frac{y_{ac}y_{af}}{ub(y_{ac}+y_{af})^2}\left(\frac{dy_{af}}{dub}\frac{ub}{y_{af}} - \frac{dy_{ac}}{dub}\frac{ub}{y_{ac}}\right) = \frac{y_{ac}y_{af}}{ub(y_{ac}+y_{af})^2}(e_{ub}^{y_{af}} - e_{ub}^{y_{ac}}) \quad (2.12)$$

由公式（2.11）和（2.12）可知，当城镇化发展影响农业传统种植业的弹性系数大于城镇化发展影响农业林、牧、副、渔业的弹性系数时，城镇化发展的推动可以提升农业传统种植业产出的占比，却降低了农业林牧副渔业的占比。

由 $e_{ub}^{y_{af}} - e_{ub}^{y_{ac}} = \frac{dy_{af}}{dub}\frac{ub}{y_{af}} - \frac{dy_{ac}}{dub}\frac{ub}{y_{ac}}$，且 $\frac{dy_{af}}{dub} - \frac{dy_{ac}}{dub} < 0$ 可知，长期而言，城镇化发展对农业产业结构的影响经过两个阶段：第一阶段，农、林、牧、副、渔业产出水平远低于农业传统种植业时，城镇化发展依然推动着农、林、牧、副、渔业占比的上升；第二阶段，在剩余劳动力不断转移的驱动下，农、林、牧、副、渔业产出水平不断超过农业传统种植业产出水平，城镇化发展对在农业技术进步和要素返流理论路径下对农业传统种植业的积极作用不断显现。由此得出理论命题：其一，农业技术水平的进步和剩余劳动力在农业内部的流动是城镇化发展推动农业产业结构调整的主要路径机制。其二，城镇化发展对农业产业结构调整经过了两个阶段：第一阶段，城镇化发展推动了农、林、牧、副、渔业占比的提升；第二阶段，城镇化发展推动了农业传统种植业占比的提升。

依据上述分析可知：城镇化发展水平对农业产业结构调整（林、牧、渔业占农、林、牧、渔业总产值的比重）的影响存在着"倒U型"曲线的特征，随着城镇化发展的不断推进，林、牧、渔业占农、林、牧、渔业总产值的比重呈现不断上升的趋势。之后，随着城镇化发展到较高程度，林、牧、渔业占农、林、牧、渔业总产值的比重开始呈现逐年下降的趋势，表明推动城镇化发展可以有效改变农业生产结构，提高林、牧、渔业产业在农、林、牧、渔业总产值中的比重，推动农业生产的高级化，但是这种促进作用存在一个转折点。

那么，根据这一模型机制我们能判断农业产业结构调整对城镇化发展的影响机理吗？事实上，农业产业结构调整对城镇化发展的影响关键在于对 $\psi$ 的判断。然而，农村剩余劳动力在农业内部的流动并不能在短期内显著对 $\psi$

产生影响,故无法从机理模型中推断出农业产业结构调整对城镇化发展的影响。本书将在第5章的实证分析中具体、深入地讨论农业产业结构调整对城镇化发展的短期影响和长期影响。

### 2.3.3 城镇化发展与农业产业规模化和专业化互动机制模型

由 $y_{ac} = (A_{ac} + \psi\lambda\zeta_{ac}ub)(L_{ac} + \psi\lambda\gamma_{ac}ub)^{\alpha}K^{\beta}$ 求解农业传统种植业产出水平 ($y_{ac}$) 关于劳动力要素的集聚系数 ($\gamma_{ac}$) 的导数,可得:

$$\frac{dy_{ac}}{d\gamma_{ac}} = \frac{\alpha\psi\lambda y_{ac}}{\frac{L_{ac}}{ub} + \psi\lambda\gamma_{ac}} \tag{2.13}$$

此时,$dy_{ac}/d\gamma_{ac}$ 反映的是农业传统种植业中要素集聚对产出的影响效应,即农业传统种植业的规模化效应。

同理,由 $y_{af} = [A_{af} + (1-\psi)\lambda\zeta_{af}ub][L_{af} + (1-\psi)\lambda\gamma_{af}ub]^{\alpha}K^{\beta}$ 求解林、牧、副、渔业产出水平 ($y_{af}$) 关于劳动力要素的集聚系数 ($\gamma_{af}$) 的导数,可得:

$$\frac{dy_{af}}{d\gamma_{af}} = \frac{\alpha(1-\psi)\lambda y_{af}}{\frac{L_{af}}{ub} + (1-\psi)\lambda\gamma_{af}} \tag{2.14}$$

此时,$dy_{af}/d\gamma_{af}$ 反映的是林、牧、副、渔业中要素集聚对产出的影响效应,即林、牧、副、渔业的规模化效应。

根据公式(2.13)求解农业传统种植业规模化效应($dy_{ac}/d\gamma_{ac}$)关于城镇化发展($ub$)的导数,可知:

$$\frac{d(dy_{ac}/d\gamma_{ac})}{d(ub)} = \frac{\alpha\psi\lambda y_{ac}L_{ac}}{(L_{ac} + \psi\lambda\gamma_{ac}ub)^2} > 0 \tag{2.15}$$

根据公式(2.14)求解林、牧、副、渔业规模化效应($dy_{af}/d\gamma_{af}$)关于城镇化发展($ub$)的导数,可知:

$$\frac{d(dy_{af}/d\gamma_{af})}{d(ub)} = \frac{\alpha(1-\psi)\lambda y_{af}L_{af}}{[L_{af} + (1-\psi)\lambda\gamma_{af}ub]^2} > 0 \tag{2.16}$$

综上所述,由公式(2.15)和公式(2.16)可知,无论在农业传统种植业还是在林、牧、副、渔业,城镇化发展均对农业产业规模化产生积极的正向影响。同理言之,由 $\frac{d(ub)}{d(dy_{ac}/d\gamma_{ac})} > 0$ 和 $\frac{d(ub)}{d(dy_{af}/d\gamma_{af})} > 0$ 可知,无论在农业传统种植业还是在林、牧、副、渔业,农业产业规模化均对城镇化发展产生积极的正向影响。这验证了前文 2.2 部分理论分析部分中的结论：我国城镇化发展与农业产业规模化之间呈现显著的相互影响关系。但是，本模型还无法准确地通过数理推演模拟出城镇化发展与农业产业专业化之间的关系。

## 2.4 本章小结

本章先从经济发展、居民生活、公共服务、基础设施、资源环境、城乡一体化这六个方面对我国城镇化发展的含义进行了探讨，并阐释了我国城镇化发展的约束条件。之后，本章从农业三次产业结构调整、农业产业结构调整和农业产业规模化及专业化三个层面界定了农业产业结构调整的内涵，并分析了我国农业产业结构调整的影响因素。同时，本章以农村剩余劳动力转移为主要理论路径，分析了城镇化发展与农村产业结构调整之间的相互影响路径，并构建了农村经济产业结构模型系统，模拟了城镇化发展与农村三次产业结构调整、农业产业结构调整和农业产业规模化及专业化之间的互动机制。

本章的研究结果表明：

第一，城镇化发展是由以农业为主的传统乡村社会向以工业和服务业为主的现代城市社会逐渐转变的动态过程，涉及经济发展、居民生活、公共服务、基础设施、资源环境、城乡一体化等诸多方面。农村产业结构调整反映的是农村经济区域内的产业构成状况，具体包括农村三次产业结构调整、农业产业结构调整和农业产业规模化及专业化。

第二，在农村剩余劳动力转移、规模效应和外部性效应等机制的作用下，城镇化发展对农村第一、二产业占比的影响路径是"倒 U 型"的，而其对农村第三产业占比的影响路径是"U 型"的。反之，农村第一、二产业占比对城镇化发展的影响路径是"U 型"的，而农村第三产业占比对城镇化发展的影响路径是"倒 U 型"的。这些互动影响机制在不同经济区域呈现一定的差异性。

第三，在正向和负向的双重效应的作用下，适度的城镇化发展可以加速农业产业结构的优化调整，过度的城镇化发展不利于推动农业产业结构的优化调整。农业产业结构的调整是一个缓慢的长期动态进程，农业产业结构调整对城镇化发展的短期效应并不显著。在供给与需求、生产要素和可持续发展等理论路径下,农业产业结构调整对城镇化发展产生了长期的影响效应。

第四,在土地集约利用、生产组织方式转变和区域间劳动力转移等理论路径下,我国城镇化发展与农业产业规模化之间呈现显著的相互影响关系。然而,由于受到农业产业专业化固有发展路径的影响,我国城镇化发展与农业产业专业化之间的相互影响关系并不显著。

城镇化发展和农村产业结构调整相互影响关系说明,农村产业结构的调整不能孤立地基于农村的发展来确定,而必须充分考虑城镇化发展的因素。一是要充分看到城镇化发展对农村产业结构的冲击,积极应对城镇化给农业发展带来的新挑战、新机遇;二是要主动适应城镇化发展的要求,利用城镇化发展的条件,有效推进农村产业结构的调整和优化;三是要自觉协调新型城镇化建设与农业产业结构调整的关系,积极推进城乡一体化发展。

第 3 章

# 我国城镇化发展水平的测度及时空分析

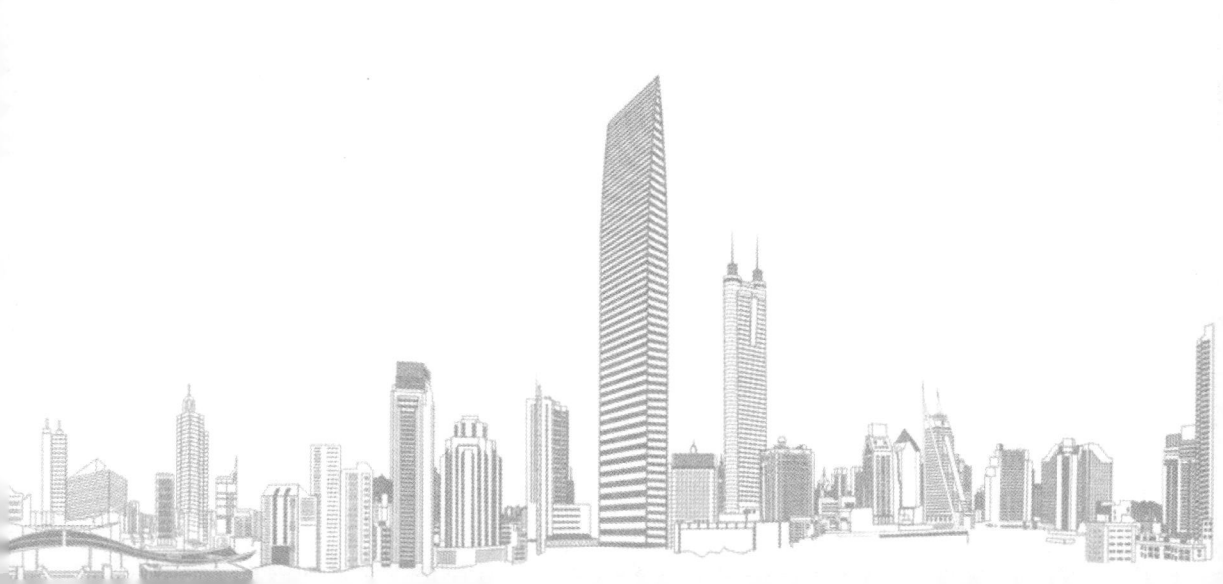

由第 2 章中的理论和模型分析可知，城镇化是推动我国农业产业结构调整的重要因素。那么，我国城镇化发展水平是怎样的呢？城镇化发展是否存在时空差异呢？为此，本章在构建相应指标体系的基础上利用熵值法对我国城镇化发展进行了测度评价，并对我国城镇化发展进行了时间走势分析、空间探索性分析和协调度分析，同时，也为后文中的实证分析提供了翔实的样本数据基础。

## 3.1 引 言

改革开放以来，我国国民经济持续快速发展，城镇化的发展成为我国经济发展和社会进步的重要引擎。1978—2013 年，我国城镇化率年均增长达到 0.99%，已经进入了城镇化的快速发展阶段。但是城镇化的发展也带来了一些负面的影响，快速城镇化使得环境污染增加、各地区土地利用效率低下、城乡二元结构表现突出等现实问题，阻碍了我国的经济社会发展，也不利于城镇化的继续推进。十八大明确提出要走中国特色的新型城镇化道路，这也是我国城镇化发展的新阶段。在新的经济背景下，城镇化发展不再是简单的人口增加和城市规模扩大，更重要的是逐步实现经济发展方式、产业结构、居民生活、社会保障等由乡村到城镇的转变，形成城镇和乡村一体化的新型城乡关系。因此，提高城镇化的质量而非数量，推进以人为本新型的城镇化发展成为各地区经济发展的重中之重。

新阶段下城镇化发展的"新"主要是"人"的城镇化，这要求我们在城镇化发展评价的指标体系设计中秉持"以人为本"的原则。推进新阶段的城镇化发展，亟待从过去片面追求城市规模和空间的扩大，转变为以提高居民生活质量、提升城市公共服务、完善城市基础设施等方面为中心，不以牺牲农业、生态和环境为代价，促进城乡一体化发展，真正形成以人为本的新型城镇化发展模式。

目前，国外学者对城镇化发展的定义存在差异。城镇化的概念最早由西班牙工程师艾·塞埃达 1867 年在《城镇化的基本理论》这一著作中提出。之后，关于城镇化的内涵，很多学者都提出了不同的看法。赫希把城镇化进程看成一个人口城镇化的进程，主要体现在人口由农村经济区域向城镇经济区域的流动；诺斯则认为城镇化是经济系统和非经济系统各个层面的互动协作过程。其中，Harold 的研究比较系统和全面，其以拉丁美洲、欧洲和美国等地区和国家为对象探讨了城镇化的内涵、评价、进程分析等几个层面。也有一些学者从理论层面对城镇化进行了研究，早期 Hagerstrand（1950）、Perroux（1950）以及 Friedman（1964）等学者从空间扩散的角度研究了城镇化，分别提出了著名的现代空间扩散、增长极和"核心—外围"等空间理论。之后，McGee（1991）从区域经济发展和城乡一体化角度研究了城镇化，实证结果显示，东南亚国家的城镇化发展和西方国家明显不同，城镇化发展的最终目的就是实现城乡一体化。Weber（2003）认为城市化的快速发展会导致城市土地利用效率和方式发生变化。Burak（2004）通过研究地中海沿岸地区的城市化发展，得出城市化会对生态环境产生负面的影响。

国内对于城镇化的研究起步较晚，辜胜阻、李正友（1998）认为中国自上而下的城镇化是因农村的经济利益主体抓住了产业非农化的获利机会而形成的，与政府进行强制性的城镇化有所区别。杨波等（2006）认为我国城镇化发展区域差异较大，对于城镇化已经发展到中后期阶段的地区应该走逆城镇化道路，对于城镇化刚刚起步的地区，应该集中力量打造一批有影响力的大城市。简新华和黄锟（2010）通过对中国城镇化的发展进行实证分析和国际比较发现，中国城镇化现在的发展速度基本合适，而且将会依旧保持较快发展的趋势。柳思维（2012）认为经济发展水平对城镇化有显著的正向作用，但这种促进作用在逐年下降。罗能生等（2013）认为城镇化发展对生态效率的影响呈现非对称的"U型"关系。近几年来，部分学者开始关注城镇化的空间作用，王伟进和陆杰华（2012）的研究发现，城市化发展水平存在显著的空间依赖性。李波和张吉献（2013）则通过对中原28个地级市的城镇化进行分析，发现城镇化发展水平存在显著的空间相关性和空间异质性。

## 3.2 我国城镇化发展的评价设计

### 3.2.1 我国城镇化发展评价的指标体系

从前文的叙述可知，近年来虽然有很多国内外学者对城镇化进行了研究，但这些研究并不一定适合特殊背景下我国的城镇化发展。近期出台的《国家新型城镇化规划（2014—2020年）》也指出"人口城镇化""土地城镇化"等方面的发展方式和速度不协调。基于此，本章根据以往学者测度城镇化水平的相关研究，以人的城镇化为起点，参考《国家新型城镇化规划（2014—2020年）》中提出的新型城镇化发展指标体系，在充分考虑指标代表性以及数据可得性的基础上，结合第2章中对城镇化发展内容构成的分析，从城镇经济发展、城镇居民生活、城镇公共服务、城镇基础设施、城镇资源环境以及城乡一体化六个方面构建测度新型城镇化发展水平的指标体系，以便全面反映新阶段下中国区域城镇化发展水平的变动情况。鉴于数据的可获得性，本书的研究以我国30省市2003—2013年数据为指标选取对象，具体如表3.1所示。本部分相关数据来源于历年《中国统计年鉴》《中国农村统计年鉴》《中国环境统计年鉴》，以及各省统计年鉴。

**表 3.1　新型城镇化发展水平指标体系**

| 一级指标 | 二级指标 | 三级指标 | 方向 | 权重 |
|---|---|---|---|---|
| 新型城镇化发展水平 B | 城镇经济发展 B1 | 人均 GDP | + | 0.0320 |
| | | 第三产业占 GDP 比重 | + | 0.0337 |
| | | 人均固定资产投资 | + | 0.0314 |
| | | 人均社会消费品零售额 | + | 0.0316 |
| | | 财政支出占 GDP 比重 | + | 0.0327 |
| | 城镇居民生活 B2 | 人均居民可支配收入 | + | 0.0318 |
| | | 人均消费水平 | + | 0.0321 |
| | | 人均住房面积 | + | 0.0324 |
| | | 人均储蓄存款 | + | 0.0311 |
| | 城镇公共服务 B3 | 平均受教育年限 | + | 0.0350 |
| | | 失业保险参保率 | + | 0.0310 |
| | | 基本医疗参保率 | + | 0.0337 |
| | | 每万人工伤保险参保人数 | + | 0.0317 |
| | | 城镇社区服务设施数 | + | 0.0285 |
| | 城镇基础设施 B4 | 每万人拥有公共交通车辆 | + | 0.0340 |
| | | 城市用水普及率 | + | 0.0358 |
| | | 城市燃气普及率 | + | 0.0351 |
| | | 城市污水处理率 | + | 0.0354 |
| | | 城市生活垃圾无害化处理率 | + | 0.0348 |
| | | 城乡信息网络普及率 | + | 0.0316 |

续表

| 一级指标 | 二级指标 | 三级指标 | 方向 | 权重 |
|---|---|---|---|---|
| 新型城镇化发展水平 B | 城镇资源环境 B5 | 人均城市建设用地面积 | + | 0.0326 |
| | | 单位 GDP 能耗 | − | 0.0357 |
| | | 建成区绿化覆盖率 | + | 0.0354 |
| | | 环境保护投资总额占 GDP 比重 | + | 0.0330 |
| | | 人均公园绿地面积 | + | 0.0348 |
| | 城乡一体化 B6 | 城镇化率 | + | 0.0337 |
| | | 二元经济结构系数 | − | 0.0357 |
| | | 城乡恩格尔系数比 | − | 0.0356 |
| | | 城乡居民人均收入比 | − | 0.0354 |
| | | 公路网密度 | + | 0.0327 |

### 3.2.2 我国城镇化发展评价的测度方法

近年来，国内外文献中对分指标进行综合测度的方法有很多，其中主要有主成分分析法、熵值法、层次分析法、DEA 方法等，由于熵值法是根据各个指标观测值的大小来确定指标的权重，是一种客观的赋权方法，本章选择熵值法来测度各区域的城镇化发展水平。具体测度过程如下：

第一，由于衡量城镇化发展水平六个方面的各个指标的数量级和量纲不同，在测度城镇化发展水平之前，需要对各指标进行标准化处理。由于正向指标和负向指标对综合指标影响的方向不同，对不同方向的指标用不同的算法进行标准化，具体如下：

对于正向指标：$x_{ij}' = \dfrac{x_{ij} - \min(x_{1j}, x_{2j}, \cdots, x_{nj})}{\max(x_{1j}, x_{2j}, \cdots, x_{nj}) - \min(x_{1j}, x_{2j}, \cdots, x_{nj})}$

对于负向指标：$x_{ij}' = \dfrac{\max(x_{1j}, x_{2j}, \cdots, x_{nj}) - x_{ij}}{\max(x_{1j}, x_{2j}, \cdots, x_{nj}) - \min(x_{1j}, x_{2j}, \cdots, x_{nj})}$

其中，$x_{ij}$ 表示第 $i$（$i = 1, 2, \cdots, n$）个地区第 $j$（$j = 1, 2, \cdots, m$）个指标的初始值，$x_{ij}'$ 为进行标准化之后的值。

第二，计算第 $i$ 个地区的第 $j$ 个指标所占的比重：

$$P_{ij} = \dfrac{x_{ij}'}{\sum\limits_{i=1}^{n} x_{ij}'}$$

第三,计算第 $j$ 个指标的信息熵:

$$e_j = -k\sum_{i=1}^{n} P_{ij}\ln(P_{ij}), \quad e_j \geq 0, \quad 其中,k = 1/\ln(n)$$

第四,计算第 $j$ 个指标的差异系数:

$$g_j = \frac{1-e_j}{m-E_e}, \quad 其中,E_e = \sum_{j=1}^{m} e_j, \quad 0 \leq g_i \leq 1, \quad \sum_{j=1}^{m} g_j = 1$$

第五,计算各个指标的权重:

$$w_j = \frac{g_j}{\sum_{j=1}^{m} g_j}$$

第六,根据标准化后的数据以及熵值法计算的权重,可以测度出城镇化发展水平的综合评价值 $f(x)$,计算公式如下:$f(x) = \sum_{j=1}^{m} w_j x'_{ij}$

## 3.3 我国城镇化发展的时空现状分析

### 3.3.1 我国城镇化发展的评价结果

由于我国各省市在经济发展、基础设施以及资源环境等方面存在较大差异,城镇化发展水平也各不相同。根据以上熵值法计算过程,本章在对 30 个省域 11 年的面板数据进行计算的基础上得到各地区的城镇化发展水平综合评价值,评价结果见表 3.2。

### 3.3.2 我国城镇化发展的时间演变分析

就宏观层面而言,我国城镇化发展水平在 11 年间不断上升,已经进入城镇化发展的快速阶段。就中观层面而言,中国东部、中部和西部三个区域的城镇化发展水平均呈现逐渐上升的趋势,但是区域差异较大,东部地区城镇化发展水平最高,高于全国的平均水平,中部地区居中,西部地区最低,中部和西部地区均低于全国平均水平(见图 3.1)。这是由于东部地区经济较为发达,城镇密度和规模相对较大,城镇化程度和质量相对较高,而中西部地

表 3.2  中国 2003—2013 年区域新型城镇化发展水平评价结果

| | 2003年 | 2004年 | 2005年 | 2006年 | 2007年 | 2008年 | 2009年 | 2010年 | 2011年 | 2012年 | 2013年 |
|---|---|---|---|---|---|---|---|---|---|---|---|
| 北京 | 0.5043 | 0.5068 | 0.5304 | 0.606 | 0.6063 | 0.6324 | 0.6677 | 0.6757 | 0.7 | 0.7321 | 0.7634 |
| 天津 | 0.3756 | 0.3944 | 0.4265 | 0.4317 | 0.4558 | 0.4816 | 0.5148 | 0.54 | 0.5571 | 0.5781 | 0.604 |
| 河北 | 0.2644 | 0.2786 | 0.2908 | 0.2984 | 0.3212 | 0.3477 | 0.3696 | 0.4061 | 0.4307 | 0.4396 | 0.47 |
| 山西 | 0.2203 | 0.244 | 0.2621 | 0.2791 | 0.3015 | 0.3374 | 0.3629 | 0.3906 | 0.4179 | 0.4425 | 0.4779 |
| 内蒙古 | 0.2196 | 0.2416 | 0.2713 | 0.2898 | 0.3065 | 0.3337 | 0.3689 | 0.398 | 0.441 | 0.4731 | 0.5079 |
| 辽宁 | 0.3186 | 0.341 | 0.348 | 0.3674 | 0.3792 | 0.4052 | 0.4223 | 0.4575 | 0.4987 | 0.5341 | 0.5482 |
| 吉林 | 0.2523 | 0.2627 | 0.2731 | 0.2778 | 0.3124 | 0.3323 | 0.3553 | 0.3884 | 0.4046 | 0.4223 | 0.4402 |
| 黑龙江 | 0.2728 | 0.2748 | 0.2738 | 0.2849 | 0.2962 | 0.322 | 0.3475 | 0.3762 | 0.395 | 0.415 | 0.433 |
| 上海 | 0.4813 | 0.5067 | 0.5145 | 0.5624 | 0.5904 | 0.6059 | 0.6248 | 0.6154 | 0.6363 | 0.66 | 0.6827 |
| 江苏 | 0.3538 | 0.3721 | 0.401 | 0.4178 | 0.4503 | 0.4759 | 0.4887 | 0.5159 | 0.5417 | 0.568 | 0.6076 |
| 浙江 | 0.3491 | 0.3745 | 0.3991 | 0.3719 | 0.4369 | 0.4777 | 0.491 | 0.5051 | 0.5299 | 0.563 | 0.5862 |
| 安徽 | 0.204 | 0.2246 | 0.2321 | 0.2532 | 0.2944 | 0.3167 | 0.3337 | 0.3621 | 0.3982 | 0.4203 | 0.4527 |
| 福建 | 0.279 | 0.3004 | 0.3266 | 0.3202 | 0.3527 | 0.3764 | 0.3994 | 0.4242 | 0.4555 | 0.4763 | 0.5045 |
| 江西 | 0.2186 | 0.2365 | 0.242 | 0.2622 | 0.2907 | 0.3216 | 0.3524 | 0.3823 | 0.4096 | 0.4277 | 0.4436 |
| 山东 | 0.3113 | 0.3272 | 0.3207 | 0.3852 | 0.4111 | 0.4387 | 0.4629 | 0.4923 | 0.5197 | 0.5436 | 0.569 |
| 河南 | 0.244 | 0.2553 | 0.2668 | 0.28 | 0.2972 | 0.3107 | 0.3342 | 0.3556 | 0.3769 | 0.393 | 0.4234 |
| 湖北 | 0.2504 | 0.2562 | 0.2757 | 0.307 | 0.3344 | 0.3521 | 0.3759 | 0.3987 | 0.4223 | 0.4437 | 0.461 |
| 湖南 | 0.2305 | 0.2562 | 0.2798 | 0.2849 | 0.3078 | 0.3278 | 0.3543 | 0.3834 | 0.3983 | 0.4193 | 0.4399 |
| 广东 | 0.3347 | 0.3571 | 0.3954 | 0.3831 | 0.4239 | 0.469 | 0.5046 | 0.5563 | 0.5562 | 0.5909 | 0.6182 |
| 广西 | 0.1941 | 0.2174 | 0.2345 | 0.2435 | 0.2725 | 0.2996 | 0.3282 | 0.349 | 0.3573 | 0.3872 | 0.3981 |
| 海南 | 0.2439 | 0.27 | 0.2757 | 0.277 | 0.2946 | 0.3083 | 0.3358 | 0.3517 | 0.4006 | 0.4238 | 0.4245 |
| 重庆 | 0.1995 | 0.2534 | 0.2583 | 0.28 | 0.336 | 0.3635 | 0.3939 | 0.4272 | 0.4773 | 0.4764 | 0.514 |
| 四川 | 0.2399 | 0.2562 | 0.269 | 0.2581 | 0.2836 | 0.3109 | 0.3277 | 0.3546 | 0.3827 | 0.4085 | 0.4387 |
| 贵州 | 0.1451 | 0.1708 | 0.1842 | 0.181 | 0.1982 | 0.2165 | 0.2469 | 0.275 | 0.3364 | 0.3571 | 0.4074 |
| 云南 | 0.2104 | 0.2096 | 0.2294 | 0.2059 | 0.2588 | 0.2775 | 0.3117 | 0.3361 | 0.3577 | 0.3697 | 0.3979 |
| 陕西 | 0.2359 | 0.2508 | 0.2549 | 0.2879 | 0.2986 | 0.3279 | 0.3541 | 0.3807 | 0.3931 | 0.4207 | 0.4554 |
| 甘肃 | 0.1726 | 0.1941 | 0.2026 | 0.2131 | 0.2276 | 0.2463 | 0.2675 | 0.2894 | 0.3122 | 0.3461 | 0.3751 |
| 青海 | 0.2213 | 0.247 | 0.2448 | 0.2685 | 0.2848 | 0.2964 | 0.2987 | 0.3277 | 0.3669 | 0.3807 | 0.3898 |
| 宁夏 | 0.1965 | 0.1931 | 0.2116 | 0.2614 | 0.292 | 0.3134 | 0.3397 | 0.3854 | 0.4123 | 0.4271 | 0.4685 |
| 新疆 | 0.2718 | 0.2906 | 0.2887 | 0.2893 | 0.3054 | 0.3233 | 0.3537 | 0.3669 | 0.3991 | 0.4376 | 0.4627 |
| 均值 | 0.2672 | 0.2844 | 0.2994 | 0.3143 | 0.3407 | 0.3649 | 0.3896 | 0.4156 | 0.4428 | 0.4659 | 0.4922 |
| 东部 | 0.3342 | 0.3539 | 0.3719 | 0.3887 | 0.4162 | 0.4432 | 0.4675 | 0.4908 | 0.5153 | 0.5414 | 0.5647 |
| 中部 | 0.2347 | 0.2502 | 0.2641 | 0.2799 | 0.3046 | 0.3283 | 0.3539 | 0.3817 | 0.4071 | 0.4285 | 0.4533 |
| 西部 | 0.2103 | 0.226 | 0.2382 | 0.2495 | 0.2761 | 0.2973 | 0.3215 | 0.3492 | 0.382 | 0.4027 | 0.4344 |

区经济发展较为落后,城镇分布密度较小,而且城镇化发展的质量较低。这种差距和矛盾一方面与我国整体的发展规划相关,另一方面与各地区的地理位置、发展政策等相关。就微观层面而言,北京、天津、上海、广东等沿海较发达地区城镇化发展水平较高,甘肃、云南、青海等欠发达的地区城镇化发展水平较低。

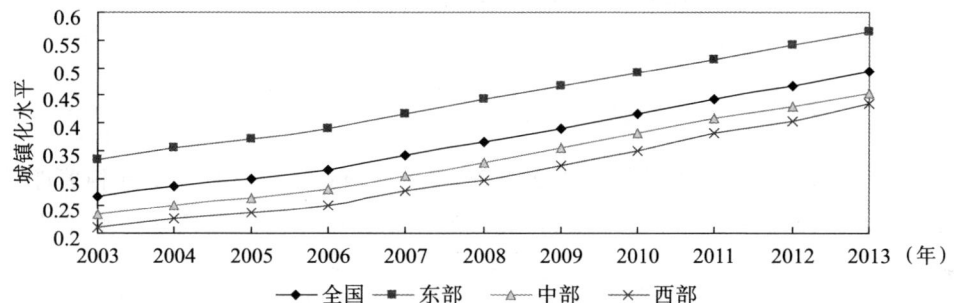

图 3.1　2003—2013 年我国及各区域城镇化发展水平的时间走势

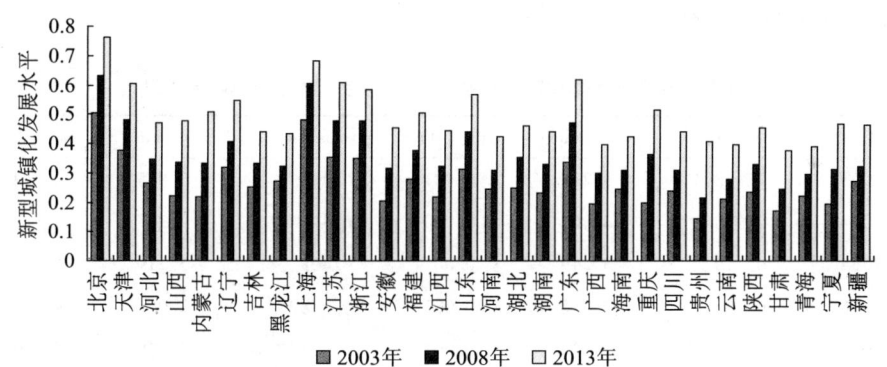

图 3.2　我国各地区 2003 年、2008 年和 2013 年城镇化发展水平比较

从各地区 2003—2013 年的城镇化发展水平可以发现（见图 3.2），近 11 年来,所有省市的城镇化发展水平都呈现上升趋势,这是因为近年来各地区的城市水、电、路、信息网络等基础设施不断完善,教育、医疗、保险等公共服务水平明显提高,居民收入水平和生活质量也得到明显改善,这些都推进了城镇化的快速发展。但是,城镇化发展带来的耕地、资源相对不足,城市拥堵,生态环境恶化等问题也愈加严重,所以在以人为本的基础上,各地区要转变经济发展方式,走资源节约、环境友好的城镇化发展道路。虽然我国城镇化发展迅速,但是城镇化发展过程中依然面临很多问题,特别是

在资源环境和城乡协调等方面,所以在城镇化推进过程中,应通过体制机制改革和政策调整,实现经济发展、居民生活、公共服务、基础设施、资源环境以及城乡一体化的均衡发展,进而促进城镇化发展水平质和量的全面提升。

### 3.3.3 我国城镇化发展的空间状况分析

(1) 空间相关性检验

本章运用Stata11.1软件对2003—2013年城镇化发展水平的空间相关性进行了检验(结果见表3.3)。结果表明,近年来,我国区域城镇化发展水平的Moran's I指数处于0至1之间,且显著为正,Geary's C指数处于0至1之间且显著,说明我国各地区的城镇化发展水平在空间分布上存在显著的正向空间自相关,即一个地区的城镇化发展不仅会影响其邻近地区,而且还会受到相邻地区城镇化发展的影响。

表3.3 2003—2013年我国城镇化发展水平的空间相关性检验结果

| 年份 | Moran's I | z-value | p-value | Geary's c | z-value | p-value |
| --- | --- | --- | --- | --- | --- | --- |
| 2003 | 0.318*** | 3.274 | 0.001 | 0.406*** | -3.045 | 0.001 |
| 2004 | 0.330*** | 3.366 | 0.000 | 0.390*** | -3.205 | 0.001 |
| 2005 | 0.319*** | 3.249 | 0.001 | 0.405*** | -3.219 | 0.001 |
| 2006 | 0.282*** | 2.986 | 0.001 | 0.388*** | -2.906 | 0.002 |
| 2007 | 0.312*** | 3.220 | 0.001 | 0.397*** | -3.060 | 0.001 |
| 2008 | 0.310*** | 3.176 | 0.001 | 0.412*** | -3.114 | 0.001 |
| 2009 | 0.290*** | 2.999 | 0.001 | 0.423*** | -3.009 | 0.001 |
| 2010 | 0.287*** | 2.936 | 0.002 | 0.449*** | -3.050 | 0.001 |
| 2011 | 0.284*** | 2.913 | 0.002 | 0.459*** | -2.976 | 0.001 |
| 2012 | 0.263*** | 2.727 | 0.003 | 0.474*** | -2.893 | 0.002 |
| 2013 | 0.244*** | 2.553 | 0.005 | 0.474*** | -2.898 | 0.002 |

注:"***""**""*"分别表示在1%、5%、10%的统计水平上显著。

(2) 全局空间特征分析

根据新型城镇发展水平的测度结果,我们运用Geoda软件绘制了2003年和 2013 年我国城镇化发展水平的四分位图,发现近 11 年来,我国各地区城镇化发展水平空间分布虽有变化,但是整体上依旧呈现东高西低的分布格局。具体而言,东部地区的北京、天津、辽宁、山东、江苏、浙江、上海以及广东处于城镇化发展水平的最高层次,河北和福建属于较高层次,广西属于最低层次,这些地区的所属层次在 11 年间均未发生变化,只有海南从较高变为较低层次;中部地区安徽、江西和湖南属于较低层次,湖北属于较高层次,其所属层次在 11 年间未发生变化,山西和内蒙古从较低层次上升到了较高层次,吉林、黑龙江和河南则从较高层次下降到了较低层次;西部地区甘肃属于最低层次,新疆属于较高层次,其所属层次均未发生变化,重庆、陕西、贵州和宁夏分别上升了一个层次,四川、云南和青海则下降了一个层次。这表明相邻省市之间的城镇化发展水平存在空间依赖性。

(3) 局部空间 LISA 分析

虽然全局空间特征从整体上刻画了城镇化发展水平的集聚情况,但是全局的空间自相关分析无法显示不同地理位置上的空间关联情况,而局部的空间关联指标 LISA 可以进一步分析局部地区高值和低值的空间集聚情况。

局部空间自相关分析(LISA,Local Indicators of Spatial Association)反映了事物在各自局部空间布局上的分布特征与相互联系的性质,常见的经济空间集聚以及非典型的局部区域都是局部空间自相关的具体体现。局部空间自相关分析可以用来检验局部地区的事物聚集在一起时是否具有相似或者相反的特征,具体可表示为:

$$I_i = \frac{n^2}{\sum_i \sum_j w_{ij}} \times \frac{(x_i - \bar{x}) \sum_j (x_j - \bar{x})}{\sum_j (x_j - \bar{x})^2} \tag{3.1}$$

其中,$i$ 表示区域,$w_{ij}$ 是空间权重,$z_i$、$z_j$ 是标准化的观察值,$n$ 代表地区数,$\omega_{ij}$ 是表示空间权重,本章选择邻接矩阵,如果两个地区相邻,则用 1 表示,不相邻,则用 0 表示;$x_i$ 和 $x_j$ 分别用来表示地区 $i$ 和 $j$ 的属性,其平均值为 $\bar{x} = \frac{1}{n}\sum_{i=1}^{n} x_i$,其方差为:$S^2 = \frac{1}{n}\sum_{i=1}^{n}(x_i - \bar{x})^2$。Global Moran's I 指数与 Local Moran's I 指数之间的关系可以表示为:

$$\sum_{i=1}^{n} I_i = nI \tag{3.2}$$

通过 LISA 集聚图,不仅可以表明各区域在 Moran 散点图中的分布情况,还可以表示 LISA 指标的显著性水平。为了分析各省市在其局部空间位置上的分布和关联情况，本章通过绘制 LISA 集聚地图来表示各地区在 Moran 散点图中所处的现象以及 LISA 指标的显著性。通过 2003 年和 2013 年城镇化发展水平的局部 LISA 集聚图，可以发现，我国的区域城镇化发展水平在空间分布上形成了两个不同的集聚区域：第一个是以天津、河北和浙江为中心，这些地区与周边北京和东部沿海省份组成了城镇化发展水平的高值集聚区（HH），特别是近年来，浙江、江苏与周边上海等地区的城镇化发展水平的空间依赖性越来越强，相互之间的带动和促进作用也越来越明显。第二个是以广东为中心，与周边的广西、江西等省份组成了高值和低值集聚区（HL）。2003 年，四川与其周围云南、青海等省份组成了高值和低值集聚区（HL），但是到 2013 年，这一集聚不再显著，而新疆成为新的高值和低值集聚区（HL）。虽然中部地区的山西、河南、湖北等地区的 LISA 值没有通过检验，但是随着城镇化的发展，它们会从新型城镇化发展水平的中间水平逐渐向高值区域跃迁。由此可见，一个地区的新型城镇化发展水平除了与自身的经济社会发展和所处的地理位置相关外，还与周边地区的新型城镇化发展水平密切相关。从新型城镇化发展水平的空间分布情况及集聚检验结果可以发现，我国区域新型城镇化发展水平存在显著的空间相关性，新型城镇化发展在地理分布上存在较为明显的"路径依赖"特征，进而形成了不同的集聚区。虽然东部地区新型城镇化发展水平较高，但是生态环境恶化、城乡基础设施和公共服务不均等问题依旧存在，所以这些地区一方面要提高资源利用效率、降低环境污染排放，另一方面要促进城乡产业联动、完善农村基础设施和公共服务，缩小城乡差距，进而促进城镇化的良性发展。

## 3.4 我国城镇化发展的协调度分析

### 3.4.1 我国城镇化发展的协调度模型

城镇化发展的各子系统之间通过各种相互作用而彼此影响，为了测度六个子系统组成复合系统的耦合演化程度，本章借鉴物理学中的耦合系数模型来计算耦合度，设变量 $u_i(i=1,2,\cdots,m)$，$u_j(j=1,2,\cdots,n)$ 分别表示各系统，那么多个系统彼此作用的耦合度模型为：

$$C_n = n\left[\frac{u_1 \times u_2 \times \cdots \times u_n}{\prod(u_i \times u_j)}\right]^{\frac{1}{n}} \tag{3.3}$$

式中，$C$ 为耦合度，$u_1$，$u_2$，$\cdots$，$u_n$ 表示子系统的综合评价值；$n$ 表示子系统的个数，由于本章是从经济发展、居民生活、公共服务、基础设施、资源环境以及城乡一体化六个子系统来综合测度城镇化发展水平，$n$ 取值为6。耦合度取值在 0 到 1 之间，当 $C$ 趋于 0 时，表明系统的耦合程度最小，当 $C$ 趋于 1 时，说明系统的耦合程度最大。因耦合度只能表明各子系统之间相互作用程度的强弱，无法反映城镇化发展水平各子系统的协调发展水平，故引入耦合协调度模型，以便更好地评判经济发展、居民生活、公共服务、基础设施、资源环境以及城乡一体化交互耦合的协调程度，计算公式为：

$$D = \sqrt{C \times T}, \quad T = aB_1 + bB_2 + cB_3 + dB_4 + eB_5 + fB_6 \tag{3.4}$$

式中，$D$ 为耦合协调度、$C$ 为耦合度、$T$ 为城镇化发展水平六个子系统的综合评价指数，$B_1$、$B_2$、$B_3$、$B_4$、$B_5$、$B_6$ 为城镇化发展水平六个子系统的综合评价值，$a,b,c,d,e,f$ 为待定系数，根据前述熵值法得出的权重，分别将 $a$、$b$、$c$、$d$、$e$、$f$ 六个待定系数拟定为 0.1614、0.1274、0.1599、0.2067、0.1715、0.1731。为了更好地说明城镇化发展水平各子系统的耦合协调程度，借鉴廖重斌的研究，根据耦合协调度 $D$ 的大小进行等级划分（见表 3.4），进而定量评判城镇化发展水平各子系统的协调发展状况。

表 3.4　耦合协调度的等级划分

| 序号 | 协调度 D | 协调度等级 | 序号 | 协调度 D | 协调度等级 |
| --- | --- | --- | --- | --- | --- |
| 1 | 0.90—1.00 | 优质协调 | 6 | 0.40—0.49 | 濒临失调 |
| 2 | 0.80—0.89 | 良好协调 | 7 | 0.30—0.39 | 轻度失调 |
| 3 | 0.70—0.79 | 中级协调 | 8 | 0.20—0.29 | 中度失调 |
| 4 | 0.60—0.69 | 初级协调 | 9 | 0.10—0.19 | 严重失调 |
| 5 | 0.50—0.59 | 勉强协调 | 10 | 0.00—0.09 | 极度失调 |

### 3.4.2　我国城镇化发展的协调度水平

根据以上模型，本章计算了 2003—2013 年各地区的耦合度和耦合协调度，进而得出全国及三大区域 2003 年、2008 年以及 2013 年的耦合度和耦合协调度，结果如表3.5所示。

表3.5　　城镇化发展水平各子系统耦合度与协调度水平

| 地区 | 年份 | 耦合度 C | 协调度 D | 耦合情况 | 协调类型 |
|---|---|---|---|---|---|
| 全国 | 2003 | 0.758 | 0.188 | 耦合磨合 | 严重失调 |
|  | 2008 | 0.854 | 0.233 | 高水平耦合 | 中度失调 |
|  | 2013 | 0.927 | 0.281 | 高水平耦合 | 中度失调 |
| 东部 | 2003 | 0.8079 | 0.2169 | 高水平耦合 | 中度失调 |
|  | 2008 | 0.8861 | 0.2611 | 高水平耦合 | 中度失调 |
|  | 2013 | 0.9470 | 0.3031 | 高水平耦合 | 轻度失调 |
| 中部 | 2003 | 0.7575 | 0.1764 | 耦合磨合 | 严重失调 |
|  | 2008 | 0.8472 | 0.2210 | 高水平耦合 | 中度失调 |
|  | 2013 | 0.9194 | 0.2697 | 高水平耦合 | 中度失调 |
| 西部 | 2003 | 0.6912 | 0.1600 | 耦合磨合 | 中度失调 |
|  | 2008 | 0.8181 | 0.2076 | 高水平耦合 | 中度失调 |
|  | 2013 | 0.9083 | 0.2630 | 高水平耦合 | 中度失调 |

近年来，全国及三大区域的耦合度和耦合协调度均呈现不断上升的趋势，其中耦合度整体水平较高，说明城镇化发展水平的六个子系统呈现逐渐耦合的趋势，且均从耦合磨合阶段进入了高水平耦合阶段，这说明在经济社会发展过程中，六个子系统之间的相互影响越来越强，城镇化的发展不能只顾一个或几个方面，而应该统一筹划，并且要兼顾各个方面才能真正推进城镇化的发展。

从耦合协调度来看，全国及各区域协调情况有所不同，且整体协调程度较低。就全国而言，从2003年的严重失调变为2013年的中度失调，说明我国在城镇化发展的初级阶段，经济发展、居民生活、公共服务、基础设施、资源环境以及城乡一体化六个子系统的发展极其不协调，很多地区注重经济发展和人口城镇化，公共服务和资源环境方面发展较为薄弱，但是随着城镇化的发展，城市基础设施建设和公共服务的不断完善，居民生活有所提高，虽然环境资源方面还存在一些问题，但是六个方面整体的协调程度依旧逐渐上升，从严重失调向中度失调发展，这也是城镇化发展的一个过渡阶段。从区域来看，东部地区相比于中西部地区，协调度相对高一个等级，且从2003年的中度失调变为2013年的轻度失调，说明东部地区城镇化发展水平的六个子系统的交互作用在逐渐改善，正在向协调阶段发展；中部地区则是从2003

年的严重失调变为2013年的中度失调，说明中部地区在城镇化发展的初期，各子系统严重不协调，这很大程度上是由于中部地区城市经济发展和人口增长较快，基础设施和公共服务发展较慢，而且环境资源消耗较大，导致六个子系统的发展和相互作用严重失调；就西部地区而言，2003年到2013年一直处于中度失调状态，说明西部地区城镇化发展六个子系统的发展变化较小，经济发展、居民生活、公共服务等都处于较低的水平，所以西部地区应该改变城镇化的发展方式，在保护环境的前提下，促进经济和人口城镇化发展，同时要加快基础设施和公共服务的发展。

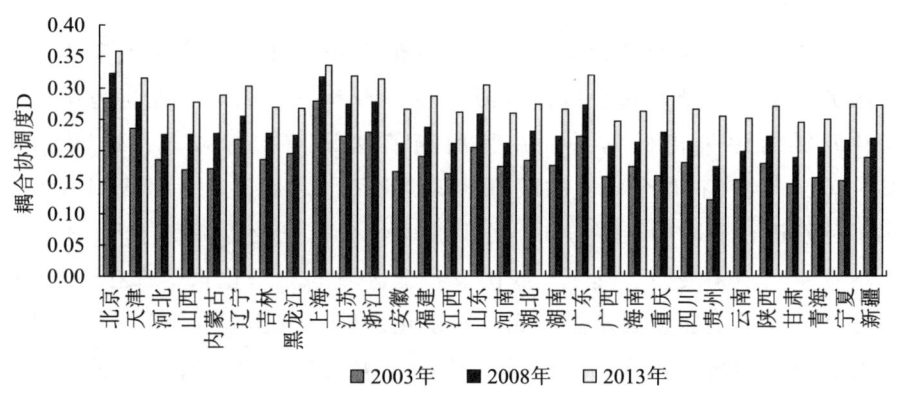

图 3.3  各地区 2003 年、2008 年和 2013 年各子系统的协调度比较

从各地区的耦合协调度来看（见图 3.3），从 2003 年到 2013 年，各地区经济发展、居民生活、公共服务、基础设施、资源环境以及城乡一体化六个子系统之间的协调性有如下特征：

首先，2003—2013 年各地区六个子系统的协调性在不断提升，其中 2003 年，仅有北京、天津、上海、辽宁、江苏、浙江、山东、广东 8 个省市达到了中度失调，其他 22 个省市尚处于严重失调阶段；2008 年，北京和上海 2 个城市进入轻度失调阶段，除贵州、云南和甘肃 3 个省份依旧处于严重失调阶段外，其他 25 个省市均已处于中度失调阶段；2013 年，除北京和上海外，辽宁、江苏、浙江、山东、广东也"晋级"到了轻度失调阶段，而其余 22 个省市都处于中度失调阶段。

其次，全国各地区城镇化发展水平的协调程度在空间上形成了东部地区较高，中西部地区较低的格局。全国城镇化发展协调度较高的地区主要集中在东部沿海，这主要是由于东部沿海各省市经济发展基础较好，支撑了城镇化各方面的建设和完善，使得城镇化的各项建设能够有效地推进和发展，从而六个子系统彼此的协调度较高。虽然各子系统的协调度在不断上升，但是整体水平依旧较低，所以各地区必须采取措施在发展经济、提高城市水平的基础上不断增加基础设施建设，扩大公共服务的覆盖面，建立城乡统一的市场，真正实现以人为本的城镇化。

## 3.5　本章小结

在综述已有研究的基础上，本章从城镇经济发展、城镇居民生活、城镇公共服务、城镇基础设施、城镇资源环境、城乡一体化六个方面构建了我国城镇化发展的评价指标体系，并利用熵值法设计指标权重，进而测度了2003—2013年我国30个省域的城镇化发展水平。之后，本章对我国城镇化发展水平分别进行了时间走势分析、空间探索性分析以及协调度分析。

本章研究结果表明：其一，我国及各个区域的城镇化水平都在不断提升，目前已经进入了快速发展阶段。我国城镇化发展呈现出了显著的空间差异性，经济发达地区的城镇化水平要显著高于经济欠发达地区。其二，我国各区域的城镇化水平之间存在着显著的正向相关性。相邻省域之间的城镇化发展水平存在显著的空间依赖性，且形成了多个不同的集聚区域。其三，就城镇化发展各子系统的协调度而言，全国及各区域的协调度在不断提升，但整体协调程度还相对较低，且在空间上形成了东部地区较高、中西部地区较低的格局。

第 4 章

# 城镇化发展与农村三次产业结构调整相互关系的实证研究

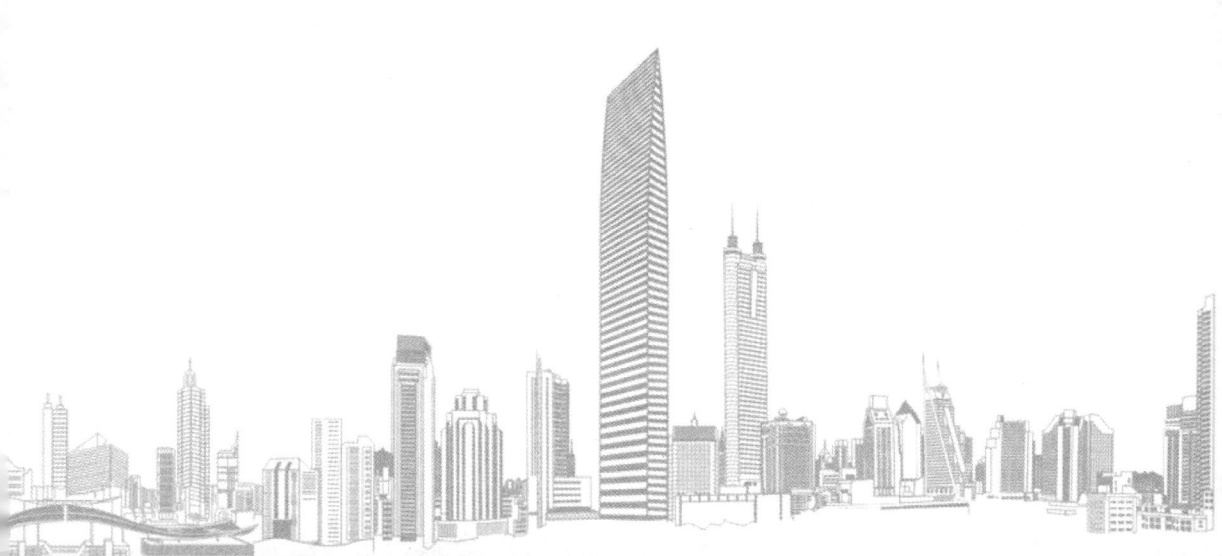

# 第 4 章 城镇化发展与农村三次产业结构调整相互关系的实证研究

城镇化发展是我国农村三次产业结构优化调整的重要契机,而农村三次产业结构的优化调整又是推动我国城镇化的重要着力点。因此,本章将实证检验城镇化发展与农村三次产业结构调整之间的相互影响机制。

## 4.1 我国农村三次产业结构调整的时空分析

借鉴牛凯(2012)的研究,本书设计我国农村第一、二、三产业结构($d_1$、$d_2$、$d_3$)指标和农村产业结构偏离指标($pc$)如下:

$$d_i = ay_i / \sum_{i=1}^{3} ay_i ; pc = \sum_{i=1}^{3} \left| d_i - al_i / \sum_{i=1}^{3} l_i \right| \tag{4.1}$$

其中,$ay_1$ 表示各地区农业的总产值,$ay_2$ 和 $ay_3$ 分别表示各地区乡镇企业第二、三产业的总产值。$al_i$ 表示农村第 $i$ 产业的劳动力人数,该指标越大,说明农村产业结构偏离程度越大。以上数据来源于历年《中国农业统计年鉴》,鉴于数据的可获得性,样本为 2003—2012 年 27 个省域的面板数据,不包含上海、天津、贵州和西藏。

### 4.1.1 我国农村三次产业结构的演变趋势

改革开放以来,我国农村第一产业产值呈现不断上升的趋势,从 1978 年的 1 027.5 亿元增加到 2013 年的 56 966 亿元,年均增长 1 553.8 亿元。其中,从 1978 年到 1993 年,农村第一产业产值呈现平稳上升的趋势,且上升幅度很小;到了 1993 年,农村第一产业总值为 6 963.8 亿元,比 1992 年的 5 866.6 亿元增加了 18.7%;而到了 1994 年,我国农村第一产业总产值增长幅度达到历年最高的 37.5%;之后增长速度开始回落,1995 年增长幅度回落到 15.5%,经历 1993—1995 年第一产业总产值增长的高峰期之后,总产值虽然在逐年上升,但是处于一个缓慢低迷的增长期;直到 2004 年,农、林、牧、渔业总产值增长率开始出现大幅度的波动,比如 2004 年总产值增长率为 23.2%,2005 年却为 4.7%,到了 2007 年为 19.80%,2009 年却又变为 4.5%。2003—2013 年,这十多年来,总产值增长率的波动较为剧烈。

对于农村三次产业而言,各产业的发展速度、劳动力分布、产值等方面存在较大差异,目前尚未形成三次产业协调发展的合理布局。如图 4.1 所示,

2003—2013 年，农村第一产业的比重呈现"稳中有降"的趋势。2003 年我国农村第一产业占比为 15.75%，在经历了 2007 年的 16.90% 的高峰值后，2012 年下降至 13.76%。我国农村第二产业占比则呈现"缓慢上升"的趋势，由 2003 年的 67.31% 上升至 2012 年的 75.25%。同时我们还发现，我国农村第三产业占比呈现显著的下降趋势，由 2003 年的 16.94% 下降至 2012 年的 10.99%。

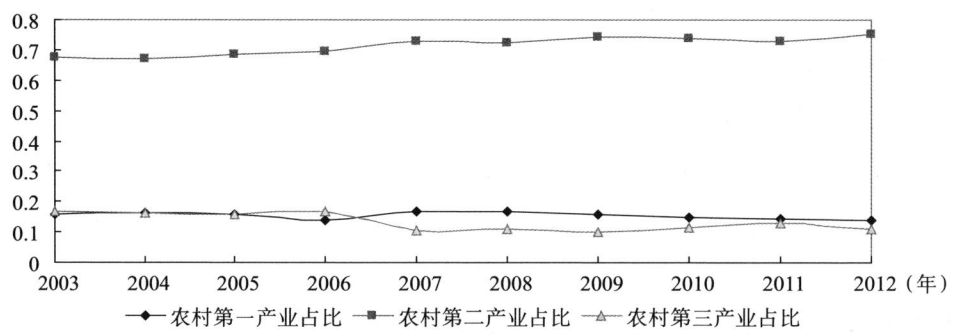

图 4.1　2003—2012 年我国农村三次产业结构的趋势变化

## 4.1.2　我国农村三次产业结构的区域差异

近年来，我国农村三次产业结构发展的区域差异较为明显，以农村第一产业占 GDP 比重为例（见图 4.2），除了黑龙江外，其余省市的农村第一产业占比整体都呈现下降的趋势。其中，2003 年海南最高，占比为 35.7%；河北、内蒙古、吉林、安徽、江西、河南、湖北、湖南、广西、四川、贵州、云南、甘肃和新疆等省、自治区处于中等水平，整体位于 15% 至 25% 之间；而北京、天津、上海、广东等省市处于最低水平。这说明，东部沿海地区农村第一产业占 GDP 的比重还相对较小。

图 4.3 描绘了 2012 年我国农村三次产业结构的区域空间分布。我国农村第一产业占比较高的省份多位于中西部地区，其中占比最高的四个省地区分别是新疆、青海、黑龙江和甘肃，而东部地区农村第一产业占比普遍较低，如浙江、江苏、山东、北京、辽宁等。与农村第一产业占比相反的是，我国东部地区的农村第二产业占比普遍较高，其中占比最高的五个省份分别是浙江、江苏、山东、广东和福建，而新疆、青海、黑龙江以及内蒙古等中西部地区的农村第二产业占比相对较低。农村第三产业占比的区域分布并未显示

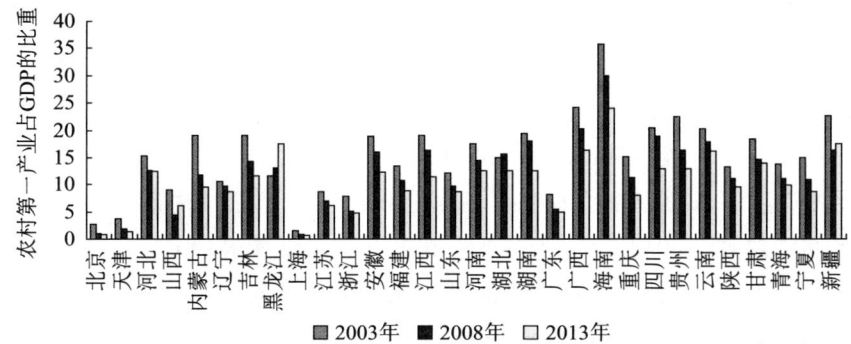

**图 4.2　2003 年、2008 年、2013 年我国农村第一产业占 GDP 比重变化情况**

出较强的规律性，但各区域的农村第三产业占比普遍较低。

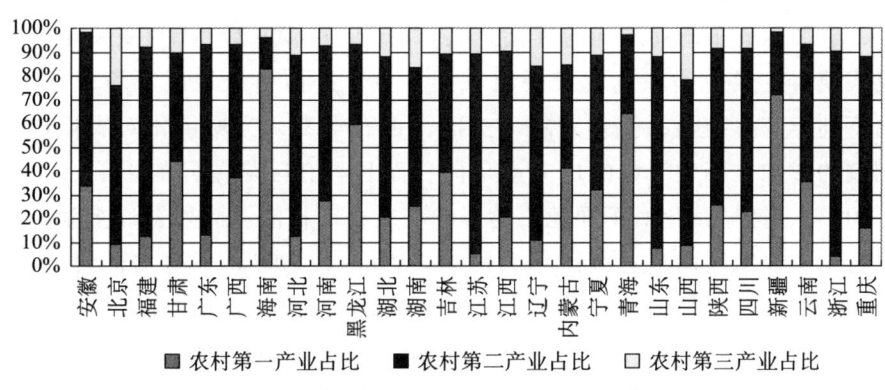

**图 4.3　2012 年我国农村三次产业结构的区域空间分布**

## 4.2　城镇化发展影响农村三次产业结构调整的实证研究

### 4.2.1　实证设计

（1）实证思路的梳理

目前学者们关于城镇化对产业结构调整的影响路径研究主要集中于两个方面。一方面的观点是，城镇化可以正向促进产业结构的升级。Luisito Bertineli（2008）认为，城镇化水平的不断提升使得人力资本不断向城镇区域集聚，进而使得该地区通过调整产业结构以适应人力资本集聚引致的经济增长。Kolko（2010）认为城镇化促进了现代服务业的快速发展和协同集聚，推进了产业结构的优化升级。Michael et al.（2012）认为由专业分工和集聚经济促进的技术复杂水平和创新能力提高是城镇化积极推动产业结构升级的主要路径。蓝庆新和陈超凡（2013）认为新型城镇化对产业结构升级具有明显的空间溢出效应，能够显著推动产业结构提升；张宗益和伍焓熙（2015）认为人口、经济城镇化正向推动三个地区产业结构升级，社会城镇化正向推动中西部地区产业结构升级，而环境城镇化正向推动东西部地区产业结构升级。另一方面的观点是，城镇化对产业结构升级的影响是负向的。Hope（1998）认为城镇化使得发展中国家过度关注传统制造业的发展和集聚，不利于新型产业的发展，进而阻碍了产业结构的优化升级。Farhana（2012）认为城镇化下的分工模式使得发展中国家过度发展粗放型工业，进而引致地区环境质量下降，从而不利于产业结构的优化升级。然而，也有学者认为城镇化对农业产业结构调整的影响并不是简单的正向或负向，而是具有区域差异的影响（崔宇明等，2013），即城镇化对不同地市的影响程度各不相同。此外，许多学者还反向分析了产业结构调整对城镇化的影响。Pandy（1997）通过实证研究发现，非农产业的劳动力结构对城镇化产生一种显著的正方向作用。Davis & Henderson（2003）认为，产业结构由农业向工业及服务业调整的过程中，劳动力也会相应地从一个产业向另一产业流动，引致人口向城镇经济区域的集中，进而推动了城镇化。

就城镇化与农村经济的相互关系而言，国内外学者的系统性研究还较少。Gilbert & Gugler（1982）认为，第二、三产业的高速发展会影响城镇化的进程，而城镇化与第一产业形成了反向的相关性。Moomaw & Shatter（1996）的研究认为农业发展对城镇化产生了负向作用，但其并未提到二者之间的互动关系。Markus Bruckner（2012）在二者相互关系研究上做了一定努力，其以非洲为研究对象，认为城镇化和农业发展之间的关系是负向的。曾湘泉等（2013）认为区域之间资本、市场、技术和劳动力的相互流动、相互配合，会改变产业结构与城镇化模式相互作用的路径，从而提升城镇吸纳农村劳动力的效率。

基于前人的相关研究，本章从以下两个方面讨论城镇化发展与农村三次产业结构调整的相互关系：其一，运用面板数据实证分析城镇化发展及其构成要素对农村三次产业结构调整和农村产业结构偏离的影响路径,同时实证分析其影响的区域差异;其二,实证检验农村三次产业结构调整对我国城镇化发展推进的影响路径及其区域差异。

(2) 指标选取及数据说明

**城镇化发展**。基于第 3 章设计的城镇化发展测度指标体系,本书以我国 30 个省市 2003—2013 年数据为研究对象,运用熵值法从城镇经济发展、城镇居民生活、城镇公共服务、城镇基础设施、城镇资源环境以及城乡一体化六个方面对我国各省域的城镇化发展水平进行了测度。测度结果表明,中国城镇化发展水平在 11 年间不断上升,已经进入城镇化发展的快速阶段;中国东部、中部和西部三个区域的城镇化发展水平均呈现逐渐上升的趋势;北京、天津、上海、广东等沿海较发达的省市城镇化发展水平较高,甘肃、云南、青海等欠发达的省市城镇化发展水平较低;从耦合协调度来看,全国及各区域协调情况有所不同且整体协调程度较低。

**农村三次产业结构调整**。本节利用 4.1 部分中对农村三次产业结构指标的评价方法,测度了我国 30 省市 2003—2013 年农村第一、二、三产业占比指标的面板样本数据。

**控制变量**。在对城镇化与产业结构相互关系进行分析的框架中,我们必须考虑的另外两个因素,一是政府对市场的干预程度 ($g$),本书采用地区财政支出占地区 GDP 比重指标进行衡量;二是包含农村在内的各地区整体产业结构 ($yp$),该指标采用各地各产业 GDP 占地区 GDP 比重进行衡量。

(3) 实证模型设计

为合理验证本书的理论结论,本书设计实证模型如下:

**模型 1:**

$$\ln(d_{ijt}) = C + \beta_1 [\ln(ub_{jt})]^2 + \beta_2 \ln(ub_{jt}) + \beta_3 [\ln(g_{jt})]^2 + \beta_4 \ln(g_{jt}) + \beta_5 \ln(yp_{ijt}) + \beta_6 \ln(al_{ijt}) + u \quad (4.2)$$

**模型 2:**

$$\ln(d_{ijt}) = C + \beta_1 [\ln(b1_{jt})]^2 + \beta_2 \ln(b1_{jt}) + \beta_3 \ln(b2_{jt}) + \beta_4 \ln(b3_{jt}) + \beta_5 \ln(b4_{jt}) + \beta_6 \ln(b5_{jt}) + \beta_7 \ln(b6_{jt}) + \beta_8 [\ln(g_{jt})]^2 + \beta_9 \ln(g_{jt}) + \beta_{10} \ln(yp_{ijt}) + \beta_{11} \ln(al_{ijt}) + u \quad (4.3)$$

模型 3:
$$\ln(cp_{ijt}) = C + \beta_1 [\ln(ub_{jt})]^2 + \beta_2 \ln(ub_{jt}) + \beta_3 [\ln(g_{jt})]^2 + \beta_4 \ln(g_{jt}) + u \tag{4.4}$$

模型 4:
$$\ln(cp_{ijt}) = C + \beta_1 [\ln(b1_{jt})]^2 + \beta_2 \ln(b1_{jt}) + \beta_3 \ln(b2_{jt}) + \beta_4 \ln(b3_{jt}) + \beta_5 \ln(b4_{jt}) \\ + \beta_6 \ln(b5_{jt}) + \beta_7 \ln(b6_{jt}) + \beta_8 [\ln(g_{jt})]^2 + \beta_9 \ln(g_{jt}) + u \tag{4.5}$$

其中，$i$、$j$、$t$ 分别表示产业类别、地区和时间；$C$ 为常系数；$\beta_i$ 为各指标的系数项；$u$ 为干扰项。鉴于本书样本具有短面板特征，本书在实证上采用的是随机效应和固定效应的计量方法，并通过豪斯曼检验确定最终的实证方法。

模型1实证分析了城镇化及相关控制变量对农村三大产业结构调整的影响路径及其区域差异；模型2实证分析了经济发展城镇化、居民生活城镇化、公共服务城镇化、基础设施城镇化、资源环境城镇化、城乡一体化对农村三大产业结构调整的影响路径及区域差异；模型3和模型4分别实证分析了城镇化以及经济发展城镇化、居民生活城镇化、公共服务城镇化、基础设施城镇化、资源环境城镇化、城乡一体化对农业产业结构偏离的影响路径及区域差异。

## 4.2.2 城镇化发展影响农村三次产业结构调整的实证分析

（1）城镇化发展对农村三次产业结构调整的影响路径及其区域差异

基于模型1，本书实证分析了城镇化及相关控制变量对农村三大产业结构调整的影响路径，并考察了在东部和中西部地区该影响路径的区域差异。具体实证结果见表4.1。

城镇化发展对农村三次产业结构的影响路径是有差异的。城镇化发展对农村第一产业占比和农村第二产业占比的影响是呈现"倒U型"路径的（城镇化发展指标的二次项系数分别为 -0.6693、-0.2099、-0.7695，且在全国和东部样本数据下均在1%水平上显著；城镇化发展指标的一次项系数分别为 -1.3199、-0.3921、-1.4342，且在全国和东部样本数据下均在1%水平上显著），城镇化发展对农村第二产业占比的影响是呈现"倒U型"路径的

表 4.1 全国、中西部和东部地区城镇化发展影响农村三次产业结构调整的实证结果

| 被解释变量<br>样本区域 | ln(d1)<br>全国 | ln(d1)<br>中西部 | ln(d1)<br>东部 | ln(d2)<br>全国 | ln(d2)<br>中西部 | ln(d2)<br>东部 | ln(d3)<br>全国 | ln(d3)<br>中西部 | ln(d3)<br>东部 |
|---|---|---|---|---|---|---|---|---|---|
| $[\ln(ub)]^2$ | -0.6693***<br>(-7.05) | -0.2099<br>(-1.26) | -0.7695***<br>(-5.85) | -0.2353***<br>(-3.19) | -0.5607***<br>(-4.74) | -0.4558***<br>(-3.38) | 0.5727***<br>(3.40) | -0.1823<br>(-0.67) | 1.4184***<br>(5.23) |
| ln(ub) | -1.3199***<br>(-5.60) | -0.3921<br>(-0.97) | -1.4342***<br>(-4.72) | -0.3003*<br>(-1.76) | -1.2436***<br>(-4.27) | -0.5344**<br>(-2.10) | 1.2878***<br>(3.26) | -0.3732<br>(-0.56) | 2.4578***<br>(4.47) |
| $[\ln(g)]^2$ | 0.1482***<br>(2.82) | 0.1358**<br>(2.02) | 0.2385***<br>(2.71) | -0.1617***<br>(-3.90) | -0.1528***<br>(-3.24) | -0.3497***<br>(-4.40) | -0.3201***<br>(-3.36) | -0.2854***<br>(-2.71) | -0.5012***<br>(-2.66) |
| ln(g) | 0.6369***<br>(3.56) | 0.5721***<br>(2.69) | 0.9545***<br>(2.91) | -0.6205***<br>(-4.22) | -0.3936**<br>(-2.49) | -1.6444***<br>(-5.50) | -1.5570***<br>(-4.90) | -1.4007***<br>(-4.15) | -2.0500***<br>(-2.94) |
| ln(yp1) | 0.7008***<br>(8.54) | 0.5810***<br>(6.17) | 0.7119***<br>(5.30) | | | | | | |
| ln(yp2) | | | | 0.2865***<br>(3.35) | 0.5387***<br>(5.49) | -0.2284<br>(-1.29) | | | |
| ln(yp3) | | | | | | | 0.5371***<br>(3.19) | 0.4574***<br>(2.64) | 0.3253<br>(1.01) |
| ln(al1) | 1.8220***<br>(11.67) | 2.7831***<br>(10.23) | 1.4181***<br>(8.20) | | | | | | |
| ln(al2) | | | | 0.0437<br>(1.09) | 0.1374***<br>(2.68) | -0.1058*<br>(-1.93) | | | |
| ln(al3) | | | | | | | 0.6205***<br>(22.81) | 0.6877***<br>(23.64) | 0.4602***<br>(7.80) |
| C | 0.4442<br>(1.41) | 0.7773**<br>(2.08) | 0.5022<br>(0.79) | -0.8986***<br>(-4.02) | -0.8353***<br>(-3.31) | -2.8225***<br>(-6.72) | -0.5734<br>(-1.29) | -0.9525*<br>(-1.73) | -1.5025*<br>(-1.84) |
| N | 270 | 170 | 100 | 270 | 170 | 100 | 270 | 170 | 100 |
| $R^2$ | 0.5934 | 0.6254 | 0.6834 | 0.3394 | 0.4910 | 0.4379 | 0.8823 | 0.9272 | 0.7367 |

注:"***""**""*"分别表示在 1%、5% 和 10% 水平上显著。

(城镇化发展指标的二次项系数分别为 -0.2353、-0.5607、-0.455,且均在 1% 水平上显著;城镇化发展指标的一次项系数分别为 -0.3003、-1.2436、-0.5344,且均在 10% 水平上显著),而其对农村第三产业占比的影响是呈现"U 型"路径的(城镇化发展指标的二次项系数分别为 -0.6693、-0.2099、-0.7695,且在全国和东部样本数据下均在 1% 水平上显著;城镇化发展指标的一次项系数分别为 0.5727、-0.1823、1.4184,且在全国和东部样本数据下均在 1% 水平上显著;城镇化发展指标的一次项系数分别为 1.2878、-0.3732、2.4578,且在全国和东部样本数据下均在 1% 水平上显著)。在城镇化发展进程中,农村三次产业结构的调整路径如图 4.4 所示。

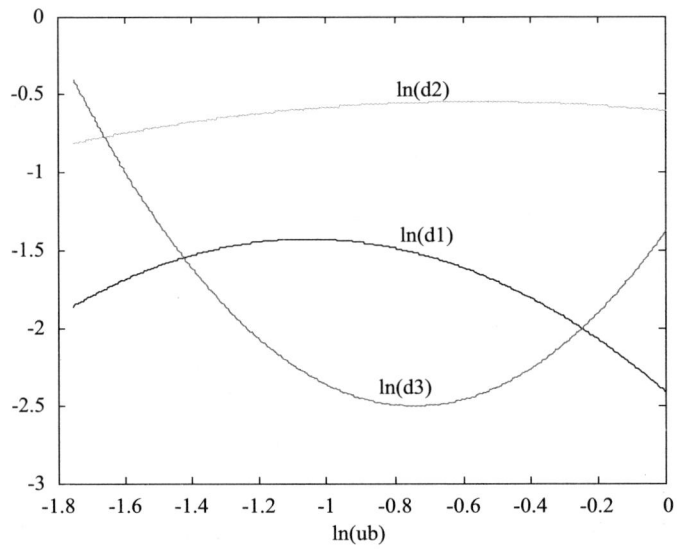

图 4.4 城镇化对三次产业结构调整的影响路径

图 4.4 显示,城镇化发展进程中农村三次产业结构的调整呈现四个阶段特性:第一阶段,农村第一、二产业占比上升,农村第三产业占比下降;第二阶段,农村第二产业占比上升,农村第一、三产业占比下降;第三阶段,农村第二、三产业占比上升,农村第一产业占比下降;第四阶段,农村第三产业占比上升,农村第一、二产业占比下降。

在城镇化发展的推动下,农村三次产业结构调整的规律与一般产业结构调整规律是一致的。在初期,城镇化发展一方面通过技术革新、资本累积、制度优化和非农经济的反哺及支持促进农村第一产业不断进步,另一方面通过劳动力的释放、人力资本提升和产业"模仿"作用的引导,推动农村第二产业的不断进步；之后，农村第一产业逐步趋稳，规模化、集约化和技术化农业形成常态，总量不断提升，但其占比不能与农村第二产业同日而语，农村第二产业的高收益率和农业对其的产业发展需求使得农村第二产业不断发展；最后，经济服务化导向逐步成为农村经济的主要走向，农村第三产业获得巨大发展潜力，农村第三产业占比不断提升。这与第2章"城镇化发展对农村产业结构调整的影响机制"部分中的理论结论是基本一致的。

就区域而言，中西部区域的市场机制不够完善、农村居民的经济意识相对保守、基础设施亟待优化、农业主体地位较强但市场活力不足，故此该区域城镇化发展对农村第一、三产业占比的影响并不显著。在中西部区域的计量结果中，以农村第一、三产业占比为被解释变量的城镇化发展指标二次项系数均不显著，而以农村第二产业占比为被解释变量的城镇化发展指标二次项系数在1%水平上显著。在东部区域的计量结果中，城镇化发展指标二次项的影响系数与全国样本中的估计结果是基本一致的，且均在1%水平上显著。在东部区域，农村地区的市场活力相对较强、市场机制更为完善，非农产业发展的潜力较大，故此其影响的显著性较强。

其他变量的影响路径如下：

其一，政府市场干预对农村第一产业占比的影响呈现"U型"路径（政府市场干预二次项指标系数分别是0.1482、0.1358、0.2385，且均在5%水平上显著，政府市场干预一次项指标系数分别是0.6369、0.5721、0.9545，且均在1%水平上显著），而其对农村第二、三产业占比的影响呈现"倒U型"路径（在以农村第二产业占比为被解释变的估计结果中，政府市场干预的二次项指标系数分别是-0.1617、-0.1528、-0.3497，且均在1%水平上显著，政府市场干预的一次项指标系数分别是-0.6205、-0.3936、-1.6444，且均在5%水平上显著。在以农村第三产业占比为被解释变的估计结果中，政府市场干预的二次项指标系数分别是-0.3201、-0.2854、-0.5012，且均在1%水平上显著，政府市场干预的一次项指标系数分别是-1.5570、-1.4007、-2.0500，且均在5%水平上显著）。

其二，包含非农经济在内的区域整体产业结构对农村产业结构的影响是正向的，即地区第一、二、三产业占比分别促进了该地区农村第一、二、三产业占比的提升，这说明地区产业资源优势可以推动地区农村相应产业的资源优势获取。ln（yp1）的指标系数分别是0.7008、0.5810、0.7119，且均在1%水平上显著；全国和中西部地区ln（yp2）的指标系数分别是0.2865、

0.5387，且均在 1% 水平上显著；ln（yp3）的指标系数分别是 0.5371、0.4574、0.3253，且前二者均在 1% 水平上显著。

其三，劳动力作为产业发展投入的重要生产要素，对产业结构的影响是正向的，这与柯布—道格拉斯函数的理论结论是基本一致的。ln（al1）、ln（al2）、ln（al3）指标系数大致为正向。

**(2) 城镇化构成对农村三大产业结构调整的影响路径及其区域差异**

如表 4.2 所示，本节实证分析了经济发展城镇化、居民生活城镇化、公共服务城镇化、基础设施城镇化、资源环境城镇化、城乡一体化对农村三次产业占比的影响路径。

第一，经济发展城镇化对农村三次产业结构调整的影响起到最主要的作用，且其影响路径与城镇化的影响路径是基本一致的。经济发展城镇化对农村第一、二产业占比的影响路径是"倒U型"的，而其对农村第三产业占比的影响路径是"U型"的。在中西部区域，经济发展城镇化对农村第一、二产业占比的影响并不显著。在东部区域，经济发展城镇化对农村第二产业占比的影响并不显著。在以农村第一产业占比为被解释变量的估计结果中，经济发展城镇化的二次项指标系数分别是 -0.1379、0.0035、-0.1424，在全国和中西部地区样本中，该指标均在 1% 水平上显著。经济发展城镇化的一次项指标系数分别是 -1.0246、0.1149、-1.3771，在全国和中西部地区，该指标在 1% 水平上显著。在以农村第二产业占比为被解释变量的估计结果中，经济发展城镇化的二次项指标系数分别是 -0.0470、-0.0353、-0.0351，在全国地区样本下，该指标在 1% 水平上显著。经济发展城镇化的一次项指标系数分别是 -0.4789、-0.4332、-0.4796，在全国和东部地区样本下，该指标分别在 1% 和 10% 水平上显著。在以农村第三产业占比为被解释变量的估计结果中，经济发展城镇化的二次项指标系数分别是 0.1483、-0.2074、0.3256，且均在 5% 水平上显著；经济发展城镇化的一次项指标系数分别是 1.0685、-1.5209、2.6463，且均在 5% 水平上显著。

第二，居民生活城镇化对农村第二产业占比的影响是显著正向的，而其对农村第一、三产业占比的影响并不显著。在以农村第一产业占比为被解释变量的估计结果中，居民生活城镇化的指标系数分别是 0.0969、0.0609、0.3829，在全国和中西部地区，该指标系数并不显著，而在东部地区，该指

表 4.2　全国、中西部和东部地区城镇化发展的构成影响农村三次产业结构调整的实证结果

| 被解释变量 样本区域 | ln（d1） 全国 | ln（d1） 中西部 | ln（d1） 东部 | ln（d2） 全国 | ln（d2） 中西部 | ln（d2） 东部 | ln（d3） 全国 | ln（d3） 中西部 | ln（d3） 东部 |
|---|---|---|---|---|---|---|---|---|---|
| [ln（b1）]$^2$ | -0.1379*** (-4.53) | 0.0035 (0.06) | -0.1424*** (-3.66) | -0.0470** (-2.11) | -0.0353 (-0.87) | -0.0351 (-1.03) | 0.1483*** (2.83) | -0.2074** (-2.51) | 0.3256*** (3.91) |
| ln（b1） | -1.0246*** (-4.61) | 0.1149 (0.29) | -1.3771*** (-4.80) | -0.4789*** (-2.90) | -0.4332 (-1.48) | -0.4796* (-1.76) | 1.0685*** (2.74) | -1.5209** (-2.55) | 2.6463*** (4.01) |
| ln（b2） | 0.0969 (1.54) | 0.0609 (0.79) | 0.3829*** (3.13) | 0.1122** (2.52) | 0.1810*** (3.48) | 0.2204** (2.21) | -0.1567 (-1.59) | -0.3324*** (-3.13) | -0.2253 (-0.85) |
| ln（b3） | 0.0041 (0.06) | 0.0346 (0.42) | 0.1304 (1.17) | 0.0949* (1.85) | 0.0715 (1.26) | -0.0698 (-0.75) | -0.0507 (-0.44) | 0.0285 (0.24) | -0.2479 (-0.97) |
| ln（b4） | 0.1711*** (2.96) | -0.0018 (-0.02) | 0.1635* (1.90) | 0.0261 (0.62) | -0.0057 (-0.11) | 0.1081* (1.69) | 0.0287 (0.29) | 0.4194*** (3.66) | -0.3253* (-1.71) |
| ln（b5） | -0.0879 (-1.05) | -0.0433 (-0.43) | -0.3383** (-2.15) | -0.0008 (-0.01) | -0.1573** (-2.17) | 0.1631 (1.30) | 0.2205 (1.51) | 0.2122 (1.40) | 0.0311 (0.09) |
| ln（b6） | -0.4672*** (-2.84) | -0.4162** (-2.14) | 0.0869 (0.30) | 0.2900*** (2.59) | 0.3158** (2.27) | 0.4036* (1.95) | 0.1745 (0.68) | -0.0820 (-0.31) | 0.1546 (0.26) |
| [ln（g）]$^2$ | 0.2927*** (4.04) | 0.0881 (0.77) | 0.1100 (0.92) | -0.1660*** (-3.22) | -0.1792*** (-2.22) | -0.3940*** (-4.15) | -0.4671*** (-3.88) | 0.1323 (0.80) | -0.5898** (-2.26) |
| ln（g） | 1.0088*** (4.31) | 0.2356 (0.69) | 0.5443 (1.22) | -0.5585*** (-3.27) | -0.4361* (-1.78) | -1.6433*** (-4.57) | -1.8625*** (-4.71) | -0.0549 (-0.11) | -2.5549** (-2.62) |
| ln（yp1） | 0.6372*** (6.42) | 0.5302*** (4.67) | 0.9486*** (5.09) | | | | | | |
| ln（yp2） | | | | 0.2197** (2.42) | 0.4030*** (3.95) | -0.2961 (-1.53) | | | |
| ln（yp3） | | | | | | | 0.5981*** (3.39) | 0.3800** (2.28) | 0.6227 (1.09) |
| ln（al1） | 1.6191*** (9.85) | 2.6577*** (8.78) | 1.3540*** (6.83) | | | | | | |
| ln（al2） | | | | 0.0510 (1.20) | 0.0739 (1.19) | 0.0290 (0.49) | | | |
| ln（al3） | | | | | | | 0.6262*** (22.12) | 0.6973*** (25.03) | 0.3710*** (5.11) |
| C | -1.3777* (-1.86) | -0.0076 (-0.01) | -0.0832 (-0.06) | -0.3449 (-0.86) | -0.1797 (-0.34) | -1.4245* (-1.81) | 0.9363 (0.96) | -2.3604** (-2.03) | 0.1500 (0.07) |
| N | 270 | 170 | 100 | 270 | 170 | 100 | 270 | 170 | 100 |
| $R^2$ | 0.5888 | 0.6490 | 0.7137 | 0.3762 | 0.5290 | 0.4627 | 0.8829 | 0.9374 | 0.7291 |

注："***" "**" "*" 分别表示在 1%、5% 和 10% 水平上显著。

标系数在 1% 水平上显著。在以农村第二产业占比为被解释变量的估计结果中，居民生活城镇化的指标系数分别是 0.1122、0.1810、0.2204，且均在 5% 水平上显著。在以农村第三产业占比为被解释变量的估计结果中，居民生活城镇化的指标系数分别是 -0.1567、-0.3324、-0.2253，在全国和东部地区，该指标系数并不显著，而在中西部地区，该指标系数在 1% 水平上显著。

第三，公共服务城镇化对农村第二产业占比的影响是正向的，且在 10% 水平上显著，而其对农村第一、三产业占比的影响并不显著。居民生活和公共服务的城镇化推进拓宽了农村剩余劳动力的释放路径，促进了农村第二产业的发展。在以农村第一产业占比为被解释变量的估计结果中，公共服务城镇化的指标系数分别是 0.0041、0.0346、0.1304，但均不能接受至少 10% 的显著性。在以农村第二产业占比为被解释变量的估计结果中，公共服务城镇化的指标系数分别是 0.0949、0.0715、-0.0698，在全国样本下，该指标在 10% 水平上显著，而在其他样本区域均不显著。在以农村第三产业占比为被解释变量的估计结果中，公共服务城镇化的指标系数分别是 -0.0507、0.0285、-0.2479，但均不能接受至少 10% 的显著性。

第四，基础设施城镇化对农村第一产业占比、东部农村第二产业占比以及中西部区域农村第三产业占比的影响显著为正，基础设施的优化为农村农业更好地融入区域市场提供了良好的平台支撑。在以农村第一产业占比为被解释变量的估计结果中，基础设施城镇化的指标系数分别是 0.1711、-0.0018、0.1635，在全国和东部地区，该指标系数分别在 1% 和 10% 水平上显著。在以农村第二产业占比为被解释变量的估计结果中，基础设施城镇化的指标系数分别是 0.0261、-0.0057、0.1081，在东部地区，该指标系数在 10% 水平上显著。在以农村第三产业占比为被解释变量的估计结果中，基础设施城镇化的指标系数分别是 0.0287、0.4194、-0.3253，在中西部和东部地区，该指标系数分别在 1% 和 10% 水平上显著。

第五，资源环境城镇化对农村三次产业结构调整的影响并不显著。在以农村第一产业占比为被解释变量的估计结果中，资源环境城镇化的指标系数分别是 -0.0879、-0.0433、-0.3383，在东部地区，该指标系数在 5% 水平上显著。在以农村第二产业占比为被解释变量的估计结果中，资源环境城镇化的指标系数分别是 -0.0008、-0.1573、0.1631，在中西部地区，该指标系数在 5% 水平上显著。在以农村第三产业占比为被解释变量的估计结果中，资源环境城镇化的指标系数分别是 0.2205、0.2122、0.0311，但均不能接受至少10%的显著性。

第六，城乡一体化对农村第一产业占比的影响显著为负，而其对农村第二产业占比的影响显著为正。城乡一体化进程的推进使得农村第二产业占比的发展优势更加明显，在第一产业获得发展的基础上，其产业占比却相对下降了。在以农村第一产业占比为被解释变量的估计结果中，城乡一体化的指标系数分别是-0.4672、-0.4162、0.0869，在全国和中西部地区，该指标系数分别在1%和5%的水平上显著。在以农村第二产业占比为被解释变量的估计结果中，城乡一体化的指标系数分别是0.2900、0.3158、0.4036，且均在10%水平上显著。在以农村第三产业占比为被解释变量的估计结果中，城乡一体化的指标系数分别是0.1745、-0.0820、0.1546，但均不能接受至少10%的显著性。

其他控制变量的影响路径如下：其一，政府市场干预对农村第一产业占比的影响呈现"U型"路径。在全国样本下，政府市场干预二次项和一次项指标系数分别是0.2927和1.0088，且均在1%水平下显著。政府市场干预对农村第二、三产业占比的影响呈现"倒U型"路径。在以农村第二产业占比为被解释变量的估计结果中，政府市场干预二次项指标系数分别是-0.1660、-0.1792、-0.3940，且均在5%水平上显著，政府市场干预一次项指标系数分别是-0.5585、-0.4361、-1.6433，且均在10%水平上显著。在以农村第三产业占比为被解释变量的估计结果中，全国和东部地区样本下政府市场干预二次项指标系数分别是-0.4671和-0.5898，且均在5%水平上显著，政府市场干预一次项指标系数分别是-1.8625和-2.5549，且均在5%水平上显著。其二，包含非农经济在内的区域整体产业结构对农村产业结构的影响是正向的，即地区第一、二、三产业占比分别促进了该地区农村第一、二、三产业占比的提升，这说明地区产业资源优势可以推动地区农村相应产业的资源优势获取。$\ln(yp1)$的指标系数分别是0.6372、0.5302、0.9486，且均在1%水平上显著；全国和中西部地区$\ln(yp2)$的指标系数分别是0.2197和0.4030，且均在5%水平上显著；全国和中西部地区$\ln(yp3)$的指标系数分别是0.5981和0.3800，且二者均在5%水平上显著。其三，劳动力作为产业发展投入的重要生产要素，对产业结构的影响是正向的，这与柯布—道格拉斯函数的理论结论是基本一致的。$\ln(al1)$指标系数分别是1.6191、2.6577、1.3540，且均在1%水平上显著；$\ln(al2)$指标系数分别是0.0510、0.0739、0.0290；$\ln(al3)$指标系数分别是0.6262、0.6973、0.3710，且均在1%水平上显著。

### 4.2.3 城镇化发展影响农村产业结构偏离的实证分析

基于模型 3 和模型 4，本书实证分析了城镇化发展对农村产业结构偏离的影响路径，实证结果如表 4.3 所示。

表 4.3　　　城镇化发展影响农村产业结构偏离的实证结果

| 检验模型 | 模型 3 | | | 模型 4 | | |
| --- | --- | --- | --- | --- | --- | --- |
| 被解释变量 | ln(cp) | | | | | |
| 样本区域 | 全国 | 中西部 | 东部 | 全国 | 中西部 | 东部 |
| [ln(ub)]² | 0.6959*** | 0.2489 | 1.0437*** | | | |
| | (7.01) | (1.40) | (8.14) | | | |
| ln(ub) | 1.7033*** | 0.6887 | 2.2873*** | | | |
| | (7.26) | (1.60) | (8.53) | | | |
| [ln(b1)]² | | | | 0.4809*** | 0.2818 | 0.4177*** |
| | | | | (5.49) | (1.55) | (4.47) |
| ln(b1) | | | | 3.9154*** | 2.7262** | 3.5604*** |
| | | | | (6.09) | (2.08) | (4.98) |
| ln(b2) | | | | -0.6117*** | -0.8824*** | -0.2795 |
| | | | | (-4.22) | (-4.36) | (-0.99) |
| ln(b3) | | | | 0.0138 | 0.0566 | -0.0311 |
| | | | | (0.08) | (0.26) | (-0.11) |
| ln(b4) | | | | -0.0971 | 0.2253 | -0.5190** |
| | | | | (-0.62) | (1.01) | (-2.48) |
| ln(b5) | | | | -0.1081 | 0.0187 | -0.2692 |
| | | | | (-0.45) | (0.06) | (-0.65) |
| ln(b6) | | | | 0.5438 | 0.8471* | -0.9835 |
| | | | | (1.39) | (1.66) | (-1.56) |
| [ln(g)]² | -0.1939*** | -0.1517** | -0.2916*** | -0.6063*** | -0.0102 | -0.4688 |
| | (-3.51) | (-2.11) | (-3.05) | (-3.37) | (-0.03) | (-1.58) |
| ln(g) | -0.7137*** | -0.6465*** | -0.9875*** | -3.1091*** | -1.7861* | -2.7370** |
| | (-3.83) | (-2.85) | (-2.82) | (-5.34) | (-1.80) | (-2.45) |
| C | 1.7778*** | 1.0597*** | 2.1247*** | 0.5826 | 0.4849 | -3.7765* |
| | (7.87) | (3.20) | (5.46) | (0.39) | (0.20) | (-1.75) |
| N | 270 | 170 | 100 | 270 | 170 | 100 |
| R² | 0.3053 | 0.0738 | 0.6547 | 0.6191 | 0.6486 | 0.6340 |

注："***""**""*"分别表示在 1%、5% 和 10% 水平上显著。

模型 3 的回归结果显示，城镇化发展对农村产业结构偏离的影响路径是"U型"的。在表 4.3 中，城镇化发展的二次项指标系数分别是 0.6959、0.2489、1.0437，在全国和东部地区，该指标系数均在 1% 水平上显著；城镇化发展的一次项指标系数分别是 1.7033、0.6887、2.2873，在全国和东部地区，该指标系数均在 1% 水平上显著。初期，农村劳动力在第一产业的集中程度较高，随着城镇化发展的推动，农村剩余劳动力开始向农村第二、三产业释放，产值相对较高的农村第二、三产业迅速充实了劳动力，因此农村产业结构的偏离程度也在不断下降。随着农村第二、三产业的发展，农村劳动力开始不断向工资水平相对较高的农村第二、三产业集聚，农村产业结构的偏离程度也开始随着提升。就区域而言，中西部区域农村剩余劳动力的释放难度较大，所以城镇化发展对农村产业结构偏离程度的影响并不显著。

模型 4 的回归结果显示：

其一，经济发展城镇化对农村产业结构偏离程度的影响是"U型"的。在表 4.3 中，经济发展城镇化的二次项指标系数分别是 0.4809、0.2818、0.4177，在全国和东部地区，该指标系数均在 1% 水平上显著；经济发展城镇化的一次项指标系数分别是 3.9154、2.7262、3.5604，在全国和东部地区，该指标系数均在 1% 水平上显著，而在中西部地区，该指标在 5% 水平上显著。该路径与城镇化发展的影响路径是基本一致的，这表明在城镇化影响农村产业结构偏离的路径中，经济发展城镇化起到了主要作用。在中西部样本区域，该指标的影响路径显著为正，这是因为中西部区域农村剩余劳动力的储备量加大，而剩余劳动力的释放难度较大，劳动力的流向集中在东部区域，故此经济发展城镇化加速了农村产业结构的偏离。

其二，居民生活城镇化对农村产业结构偏离的影响是显著为负的，即居民生活城镇化降低了农村产业结构的偏离程度，而在东部样本区域，该指标的影响并不显著。在表 4.3 中，居民生活城镇化的指标系数分别是 −0.6117、−0.8824、−0.2795，在全国和中西部地区，该指标系数均在 1% 水平上显著。

其三，公共服务城镇化、基础设施城镇化、资源环境城镇化和城乡一体化对农村产业结构偏离的影响并不显著。在表 4.3 中，公共服务城镇化、基础设施城镇化、资源环境城镇化和城乡一体化的指标系数的显著性都并不强。

就控制变量而言，政府市场干预对农村产业结构偏离的影响呈现"倒U型"路径。在表 4.3 中，政府市场干预的二次项系数大致为负，且其显著性都相对较强，政府市场干预的一次项系数基本为负，且其显著性都相对较强。

## 4.3 农村产业结构调整影响城镇化发展的实证研究

前文讨论了城镇化发展对农村产业结构调整的影响路径及区域差异，考虑到两个变量的反向因果关系，本节分析农村产业结构调整对城镇化发展的影响。

### 4.3.1 农村三次产业结构调整影响城镇化发展的实证分析

（1）农村三次产业结构调整影响城镇化发展的区域效应

在指标选取上，被解释变量为前文设计并测度的城镇化指标，主要解释变量为4.3部分设计的农村第一、二、三产业结构（d1、d2、d3）指标。为使实证结果更加合理，本书加入了产业结构和城乡收入差距两个控制变量。

王曦和陈中飞（2015）认为区域内第一产业占比对城镇化具有重要的影响，若第一产业占比降低，民众的自由度也会相应提升，高等教育普及率也会相应增加，在此路径下区域内城镇化水平也会相应不断提高。徐光平和景建军（2015）的研究发现，第一产业产值比重和就业比重的下降促进了城镇化水平的提升，但这并不是说明第一产业对推进城镇化发展不重要，而是说明必须要大力提高第一产业劳动生产率，这样才能有利于农村劳动力向第二、三产业转移，才更加有利于城镇化的推进。杨森平等（2015）从理论和实证上分析我国城乡收入差距与城镇化率的"倒U型"关系，说明走城镇化发展道路是缩小我国城乡收入差距的必然选择。故此，选择产业结构和城乡收入差距两大控制变量是合理的。在本节中，产业结构（ic）指标以第一产业增加值占国内生产总值的比重进行衡量，城乡收入差距（inco）指标以城市人均收入和农村人均收入的比值进行衡量。

为合理验证本书的理论结论，本书设计实证模型如下：

模型1：$\ln(ub_{jt}) = C + \beta_1 [\ln(d_{1jt})]^2 + \beta_2 \ln(d_{1jt}) + \beta_3 [\ln(ic_{jt})]^2 + \beta_4 \ln(ic_{jt}) + \beta_5 \ln(inco_{jt}) + u$ (4.6)

模型2：$\ln(ub_{jt}) = C + \beta_1 [\ln(d_{2jt})]^2 + \beta_2 \ln(d_{2jt}) + \beta_3 \ln(ic_{jt}) + \beta_4 \ln(inco_{jt}) + u$ (4.7)

**模型 3**：$\ln(ub_{jt}) = C + \beta_1 [\ln(d_{3jt})]^2 + \beta_2 \ln(d_{3jt}) + \beta_3 [\ln(ic_{jt})]^2 + \beta_4 \ln(ic_{jt}) + \beta_5 \ln(inco_{jt}) + u$ (4.8)

其中，$j$、$t$ 分别表示产业类别、地区和时间；$C$ 为常系数；$\beta_i$ 为各指标的系数项；$u$ 为干扰项。在实证分析中，本书将样本区域划分为全国样本、中西部地区样本和东部地区样本三个层面，并比较不同区域下影响路径的差异。

首先，农村第一产业占比对城镇化发展的影响呈现显著的区域异质性。在全国样本下，农村第一产业占比对城镇化发展的影响呈现"U 型"路径。农村第一产业占比指标的二次项系数为 0.1117 且在 1% 水平上显著，农村第一产业占比指标的一次项系数为 0.5242 且在 1% 水平上显著。农村第一产业占比的提升使得农村剩余劳动力的释放受到了抑制，城镇化发展进程的推进也被削弱。但随着农村第一产业的不断发展，农村第一产业由劳动密集型产业不断向技术导向型产业转变，城镇化发展的产业依托也被夯实，城镇化发展的推进进程也会相应加速。就区域而言，目前我国中西部地区农村第一产业占比对城镇化发展的影响是负向的，而东部地区农村第一产业占比对城镇化发展的影响是不显著的。在中西部地区，农村第一产业占比指标的二次项系数并不显著，而农村第一产业占比指标的一次项系数在 10% 的水平上显著为 0.2531。在东部地区，农村第一产业占比指标的二次项系数和一次项系数均不显著。

其次，农村第二产业占比对城镇化的影响呈现"U 型"路径。在表 4.4 中，全国、东部和中西部地区农村第二产业占比指标的二次项系数分别是 0.3339、0.4376、0.4127，且均在 5% 水平上显著；农村第二产业占比指标的一次项系数分别是 0.7170、0.7460、1.1730，且均在 5% 水平上显著。通过计算"U 型"路径的阈值发现，东部地区农村第二产业占比的提升对城镇化发展的正向效应比中西部地区更强。在东部地区，市场机制更加优越，农村第二产业的转型升级更加有效率，其对城镇化发展的促进作用更加有效。进入 21 世纪以后，引领产业结构高级化的是农村第三产业，农村第一和第二产业占比的提升对于城镇化发展而言是一个挑战，但传统产业的优化升级可以有效地推动城镇化的发展。

最后，农村第三产业占比对城镇化发展的影响呈现"倒 U 型"路径。在表 4.4 中，全国、东部和中西部地区农村第三产业占比指标的二次项系数分别是 -0.0368、-0.0410、-0.0834，且均在 1% 水平上显著；农村第三产业占比指标的一次项系数分别是 -0.2619、-0.2947、-0.4003，且均在 1% 水

表 4.4　全国、中西部和东部地区农村三次产业结构调整影响城镇化发展的实证结果

| 被解释变量 | | | | ln(ub) | | | | | |
|---|---|---|---|---|---|---|---|---|---|
| 样本区域 | 全国 | 中西部 | 东部 | 全国 | 中西部 | 东部 | 全国 | 中西部 | 东部 |
| [ln(d1)]² | 0.1117*** | -0.0121 | 0.0228 | | | | | | |
| | (3.68) | (-0.21) | (0.45) | | | | | | |
| ln(d1) | 0.5242*** | 0.2531* | 0.0499 | | | | | | |
| | (5.34) | (1.67) | (0.23) | | | | | | |
| [ln(d2)]² | | | | 0.3339*** | 0.4376** | 0.4127*** | | | |
| | | | | (3.30) | (1.99) | (3.69) | | | |
| ln(d2) | | | | 0.7170*** | 0.7460** | 1.1730*** | | | |
| | | | | (3.48) | (2.09) | (4.07) | | | |
| [ln(d3)]² | | | | | | | -0.0368*** | -0.0410*** | -0.0834*** |
| | | | | | | | (-3.06) | (-2.98) | (-2.76) |
| ln(d3) | | | | | | | -0.2619*** | -0.2947*** | -0.4003*** |
| | | | | | | | (-4.22) | (-4.09) | (-2.91) |
| [ln(ic)]² | -0.1578*** | -0.0887 | -0.2194*** | | | | -0.1247*** | -0.0596 | -0.2108*** |
| | (-6.89) | (-0.99) | (-8.78) | | | | (-5.28) | (-0.70) | (-8.24) |
| ln(ic) | -1.7708*** | -1.4103*** | -2.2837*** | -0.9222*** | -0.9581*** | -0.8003*** | -1.4854*** | -1.0607*** | -2.1933*** |
| | (-15.34) | (-3.78) | (-14.10) | (-15.09) | (-11.52) | (-10.32) | (-11.35) | (-2.91) | (-12.88) |
| ln(inco) | -0.8627*** | -1.1121*** | -0.7525*** | -1.0090*** | -1.3552*** | 0.1917 | -0.8633*** | -1.1178*** | -0.7453*** |
| | (-6.41) | (-6.29) | (-3.25) | (-6.56) | (-7.28) | (0.75) | (-6.37) | (-6.45) | (-3.43) |
| C | -2.7073*** | -2.0411*** | -4.2909*** | -1.7175*** | -1.2765*** | -2.6841*** | -3.1049*** | -2.1980*** | -4.5772*** |
| | (-11.69) | (-4.40) | (-9.86) | (-6.01) | (-3.32) | (-7.01) | (-14.39) | (-4.85) | (-17.37) |
| N | 270 | 170 | 100 | 270 | 170 | 100 | 270 | 170 | 100 |
| R² | 0.8121 | 0.8134 | 0.8676 | 0.7452 | 0.7710 | 0.7786 | 0.8130 | 0.8139 | 0.8787 |

注:"***""**""*"分别表示在1%、5%和10%水平上显著；鉴于样本的短面板特征，本书在实证中采用的是随机效应和固定效应回归方法，并通过豪斯曼检验确定最终的实证方法。

平上显著。通过计算"U型"路径的阈值发现,中西部地区农村第三产业占比的提升对城镇化发展的正向效应比东部地区更强。农村第三产业对人力资本和人力资源的需求较强,农村第三产业占比的提升加速了农村剩余劳动力的产业结构性转移,有利于推动城镇化发展,但随着传统产业的优化升级,劳动力"返流"机制使得城镇化发展的推进受到束缚。

就控制变量而言:其一,在以农村第一产业占比和第三产业占比为被解释变量的估计结果中,产业结构对城镇化发展的影响是"倒U型"的(产业结构的二次项系数显著为负,产业结构的一次项系数显著为负),而在以农村第二产业占比为被解释变量的估计结果中,产业结构对城镇化的影响是负向的(产业结构的一次项系数显著为负)。其二,城乡收入差距的扩大不利于城镇化发展的推进。城乡收入差距指标的一次项系数大致为负向的,且大致均在1%水平上显著。实证结果中,$R^2$ 和 F 值检验均显著表明了实证结果的可靠性。

(2)农村三次产业结构调整影响城镇化发展的结构效应

依据计量模型公式(4.6),本书实证分析了农村第一产业占比对经济发展城镇化、居民生活城镇化、公共服务城镇化、基础设施城镇化、资源环境城镇化、城乡一体化的影响,结果如表4.5所示。

表4.5  农村第一产业占比影响城镇化发展的结构效应

| 被解释变量 | ln(b1) | ln(b2) | ln(b3) | ln(b4) | ln(b5) | ln(b6) |
| --- | --- | --- | --- | --- | --- | --- |
| $[\ln(d1)]^2$ | 0.4084*** | 0.4579*** | 0.1607*** | 0.0973* | 0.1218*** | -0.0641*** |
| | (6.36) | (6.54) | (3.60) | (1.66) | (2.98) | (-4.61) |
| ln(d1) | 1.4675*** | 2.0590*** | 0.5938*** | 0.7579*** | 0.6413*** | -0.2895*** |
| | (7.06) | (9.09) | (4.11) | (4.00) | (4.84) | (-6.43) |
| $[\ln(ic)]^2$ | -0.3499*** | -0.4058*** | -0.1756*** | -0.2504*** | -0.1552*** | -0.0176* |
| | (-7.21) | (-7.67) | (-5.20) | (-5.66) | (-5.02) | (-1.67) |
| ln(ic) | -3.4143*** | -4.3639*** | -1.8552*** | -2.6668*** | -1.7136*** | -0.3003*** |
| | (-13.96) | (-16.37) | (-10.91) | (-11.96) | (-10.99) | (-5.67) |
| ln(inco) | -1.7390*** | -1.6386*** | -1.7255*** | -0.6562** | -0.7114*** | -0.0958 |
| | (-6.10) | (-5.27) | (-8.70) | (-2.52) | (-3.91) | (-1.55) |
| C | -6.2056*** | -7.7199*** | -4.1652*** | -5.4032*** | -4.1251*** | -3.1615*** |
| | (-12.65) | (-14.44) | (-12.21) | (-12.08) | (-13.19) | (-29.76) |
| N | 270 | 270 | 270 | 270 | 270 | 270 |
| $R^2$ | 0.7740 | 0.8356 | 0.7178 | 0.6943 | 0.6910 | 0.4241 |

注:"***""**""*"分别表示在1%、5%和10%水平上显著。

由表 4.5 可知：其一，农村第一产业占比对经济发展城镇化的影响呈现"U 型"路径。农村第一产业占比指标的二次项系数是 0.4084 且在 1% 水平上显著，农村第一产业占比指标的一次项系数是 1.4675 且在 1% 水平上显著。其二，农村第一产业占比对居民生活城镇化的影响呈现"U 型"路径。农村第一产业占比指标的二次项系数是 0.4579 且在 1% 水平上显著，农村第一产业占比指标的一次项系数是 2.0590 且在 1% 水平上显著。其三，农村第一产业占比对公共服务城镇化的影响呈现"U 型"路径。农村第一产业占比指标的二次项系数是 0.1607 且在 1% 水平上显著，农村第一产业占比指标的一次项系数是 0.5938 且在 1% 水平上显著。其四，农村第一产业占比对基础设施城镇化的影响呈现"U 型"路径。农村第一产业占比指标的二次项系数是 0.0973 且在 10% 水平上显著，农村第一产业占比指标的一次项系数是 0.7579 且在 1% 水平上显著。其五，农村第一产业占比对资源环境城镇化的影响呈现"U 型"路径。农村第一产业占比指标的二次项系数是 0.1218 且在 1% 水平上显著，农村第一产业占比指标的一次项系数是 0.6413 且在 1% 水平上显著。其六，农村第一产业占比对城乡一体化的影响呈现出"倒 U 型"路径。农村第一产业占比指标的二次项系数是 -0.0641 且在 1% 水平上显著，农村第一产业占比指标的一次项系数是 -0.2895 且在 1% 水平上显著。就控制变量而言，产业结构对城镇化的影响是"倒 U 型"的，城乡收入差距的扩大是不利于城镇化推进的。

依据计量模型公式（4.7），本书实证分析了农村第二产业占比对经济发展城镇化、居民生活城镇化、公共服务城镇化、基础设施城镇化、资源环境城镇化、城乡一体化的影响，结果如表 4.6 所示。

表 4.6　农村第二产业占比影响城镇化发展的结构效应

| 被解释变量 | ln（b1） | ln（b2） | ln（b3） | ln（b4） | ln（b5） | ln（b6） |
| --- | --- | --- | --- | --- | --- | --- |
| $[\ln(d2)]^2$ | 0.7917*** | 0.9688*** | 0.5495*** | 0.4015** | 0.1997 | 0.0098 |
|  | (3.69) | (3.72) | (4.07) | (2.06) | (1.49) | (0.23) |
| $\ln(d2)$ | 1.2576*** | 1.8271*** | 1.1522*** | 1.0120** | 0.4347 | 0.1294 |
|  | (2.88) | (3.44) | (4.19) | (2.54) | (1.59) | (1.47) |
| $\ln(ic)$ | -1.7717*** | -2.2940*** | -0.8830*** | -1.2545*** | -0.9233*** | -0.1520*** |
|  | (-13.66) | (-14.57) | (-10.82) | (-10.64) | (-11.42) | (-5.83) |
| $\ln(inco)$ | -1.9536*** | -2.1809*** | -1.8599*** | -0.9717*** | -0.8937*** | -0.0221 |
|  | (-5.99) | (-5.51) | (-9.06) | (-3.27) | (-4.39) | (-0.34) |

续表

| 被解释变量 | ln(b1) | ln(b2) | ln(b3) | ln(b4) | ln(b5) | ln(b6) |
|---|---|---|---|---|---|---|
| C | -4.8995*** | -5.9017*** | -2.8254*** | -3.7178*** | -3.4609*** | -2.6773*** |
|  | (-8.07) | (-8.01) | (-7.40) | (-6.73) | (-9.14) | (-21.94) |
| N | 270 | 270 | 270 | 270 | 270 | 270 |
| $R^2$ | 0.6922 | 0.7223 | 0.6853 | 0.5855 | 0.5973 | 0.3237 |

注："\*\*\*""\*\*""\*"分别表示在1%、5%和10%水平上显著。

由表4.6可知：其一，农村第二产业占比对经济发展城镇化的影响呈现"U型"路径。农村第二产业占比指标的二次项系数是0.7917且在1%水平上显著，农村第二产业占比指标的一次项系数是1.2576且在1%水平上显著。其二，农村第二产业占比对居民生活城镇化的影响呈现"U型"路径。农村第二产业占比指标的二次项系数是0.9688且在1%水平上显著，农村第二产业占比指标的一次项系数是1.8271且在1%水平上显著。其三，农村第二产业占比对公共服务城镇化的影响呈现"U型"路径。农村第二产业占比指标的二次项系数是0.5495且在1%水平上显著，农村第二产业占比指标的一次项系数是1.1522且在1%水平上显著。其四，农村第二产业占比对基础设施城镇化的影响呈现出"U型"路径。农村第二产业占比指标的二次项系数是0.4015且在5%水平上显著，农村第二产业占比指标的一次项系数是1.0120且在5%水平上显著。其五，农村第二产业占比对资源环境城镇化的影响并不显著。农村第二产业占比指标的二次项系数和一次项系数均不显著。其六，农村第二产业占比对城乡一体化的影响并不显著。农村第二产业占比指标的二次项系数和一次项系数均不显著。就控制变量而言，产业结构对城镇化的影响是负向的，城乡收入差距的扩大是不利于城镇化推进的。

依据计量模型公式（4.8），本书实证分析了农村第三产业占比对经济发展城镇化、居民生活城镇化、公共服务城镇化、基础设施城镇化、资源环境城镇化、城乡一体化的影响，结果如表4.7所示。

表4.7　农村第三产业占比影响城镇化发展的结构效应

| 被解释变量 | ln(b1) | ln(b2) | ln(b3) | ln(b4) | ln(b5) | ln(b6) |
|---|---|---|---|---|---|---|
| $[\ln(d3)]^2$ | -0.0430 | -0.1134*** | -0.0479*** | -0.1008*** | -0.0363** | 0.0153*** |
|  | (-1.58) | (-3.95) | (-2.70) | (-4.35) | (-2.22) | (2.62) |

续表

| 被解释变量 | ln（b1） | ln（b2） | ln（b3） | ln（b4） | ln（b5） | ln（b6） |
|---|---|---|---|---|---|---|
| ln(d3) | -0.3335** | -0.8454*** | -0.3080*** | -0.6460*** | -0.2873*** | 0.1033*** |
|  | (2.38) | (5.72) | (-3.37) | (-5.42) | (-3.41) | (3.43) |
| $[\ln(ic)]^2$ | -0.2781*** | -0.2880*** | -0.1312*** | -0.2078*** | -0.1177*** | -0.0268** |
|  | (-5.22) | (-5.11) | (-3.77) | (-4.58) | (-3.67) | (-2.34) |
| ln(ic) | -3.0373*** | -3.4035*** | -1.5516*** | -2.1091*** | -1.3609*** | -0.3809*** |
|  | (-10.28) | (-10.91) | (-8.05) | (-8.39) | (-7.66) | (-5.99) |
| ln(inco) | -1.7289*** | -1.6418*** | -1.7063*** | -0.7550*** | -0.7114*** | -0.0665 |
|  | (-5.65) | (-5.08) | (-8.54) | (-2.90) | (-3.86) | (-1.01) |
| C | -7.3327*** | -9.2821*** | -4.6163*** | -6.0348*** | -4.6031*** | -2.9215*** |
|  | (-15.04) | (-18.03) | (-14.51) | (-14.55) | (-15.70) | (-27.86) |
| N | 270 | 270 | 270 | 270 | 270 | 270 |
| $R^2$ | 0.7441 | 0.8253 | 0.7189 | 0.6984 | 0.6886 | 0.3564 |

注："***""**""*"分别表示在1%、5%和10%水平上显著。

由表4.7可知：其一，农村第三产业占比对经济发展城镇化的影响是负向的。农村第三产业占比指标的二次项系数并不显著，农村第三产业占比指标的一次项系数是-0.3335且在5%水平上显著。其二，农村第三产业占比对居民生活城镇化的影响呈现"倒U型"路径。农村第三产业占比指标的二次项系数是-0.1134且在1%水平上显著，农村第三产业占比指标的一次项系数是-0.8454且在1%水平上显著。其三，农村第三产业占比对公共服务城镇化的影响呈现"倒U型"路径。农村第三产业占比指标的二次项系数是-0.0479且在1%水平上显著，农村第三产业占比指标的一次项系数是-0.3080且在1%水平上显著。其四，农村第三产业占比对基础设施城镇化的影响呈现"倒U型"路径。农村第三产业占比指标的二次项系数是-0.1008且在1%水平上显著，农村第三产业占比指标的一次项系数是-0.6460且在1%水平上显著。其五，农村第三产业占比对资源环境城镇化的影响呈现"倒U型"路径。农村第三产业占比指标的二次项系数是-0.0363且在5%水平上显著，农村第三产业占比指标的一次项系数是-0.2873且在1%水平上显著。其六，农村第二产业占比对城乡一体化的影响呈现"U型"路径。农村第三产业占比指标的二次项系数是0.0153且在1%水平上显著，农村第三产业占比指标的一次项系数是0.1033且在1%水平上显著。就控制变量而言，产业结构对城镇化的影响是"倒 U 型"的，城乡收入差距的扩大是不利于城镇化推进的。

## 4.3.2 农村产业结构偏离影响城镇化发展的实证分析

（1）农村产业结构偏离影响城镇化发展的区域效应

本节设计计量模型如下：

$$\ln(ub_{jt}) = C + \beta_1 [\ln(cp_{jt})]^2 + \beta_2 \ln(cp_{jt}) + \beta_3 [\ln(ic_{jt})]^2 + \beta_4 \ln(ic_{jt}) + \beta_5 \ln(inco_{jt}) + u \quad (4.9)$$

其中，$j$、$t$ 分别表示产业类别、地区和时间，$C$ 为常系数，$\beta_i$ 为各指标的系数项，$u$ 为干扰项。鉴于本书样本的短面板特征，本书在实证方法上采用的是随机效应和固定效应回归分析，并通过豪斯曼检验确定最终的实证方法。在实证分析中，本书将样本区域划分为全国样本、中西部地区样本和东部地区样本三个层面，并比较不同区域下影响路径的差异。依据计量模型公式（4.9），本书实证分析了农村产业结构偏离对城镇化发展的影响路径，结果如表 4.8 所示。

表 4.8 全国、中西部和东部地区农村产业结构偏离影响城镇化发展的实证结果

| 被解释变量样本区域 | ln（ub） | | |
|---|---|---|---|
| | 全国 | 中西部 | 东部 |
| $[\ln(cp)]^2$ | 0.1232** | | |
| | (2.55) | | |
| $\ln(cp)$ | -0.4916*** | -0.2820*** | 0.1587** |
| | (-3.29) | (-3.88) | (2.10) |
| $[\ln(ic)]^2$ | -0.1717*** | -0.1177 | -0.2464*** |
| | (-6.28) | (-1.33) | (-9.17) |
| $\ln(ic)$ | -1.8661*** | -1.5799*** | -2.3713*** |
| | (-14.92) | (-4.26) | (-15.88) |
| $\ln(inco)$ | -0.9937*** | -1.1844*** | -0.7953*** |
| | (-6.98) | (-6.58) | (-3.57) |
| C | -2.7669*** | -2.1617*** | -4.5540*** |
| | (-10.69) | (-4.47) | (-18.23) |
| N | 270 | 170 | 100 |
| $R^2$ | 0.7928 | 0.7901 | 0.8728 |

注："***""**""*"分别表示在 1%、5% 和 10% 水平上显著。

在全国样本下，农村产业结构偏离对城镇化发展的影响呈现"U型"路径。农村产业结构偏离指标的二次项系数为 0.1232 且在 5% 水平上显著，农村产业结构偏离指标的一次项系数为 -0.4916 且在 1% 水平上显著。初期，农村产业结构偏离程度的提升，使得大量农村剩余劳动力盲目地向传统非农产业转移，而农村新型产业的发展受到了约束，城镇化发展的推进也受到了限制。后期，农村产业结构偏离程度的提升使得大量农村剩余劳动力向新兴产业转移，产业结构得到优化升级，城镇化发展进程得到提升。

通过区域比较发现，中西部地区的农村产业结构偏离程度还处于初期阶段，而东部地区的农村产业结构偏离程度处于后期阶段。在中西部地区样本下，农村产业结构偏离对城镇化发展的影响是负向的。农村产业结构偏离指标的一次项系数为 -0.2820 且在 1% 水平上显著。在东部地区样本下，农村产业结构偏离对城镇化发展的影响是正向的。农村产业结构偏离指标的一次项系数为 0.1587 且在 5% 水平上显著。

（2）农村产业结构偏离影响城镇化发展的结构效应

依据计量模型公式（4.9），本书实证分析了农村产业结构偏离对经济发展城镇化、居民生活城镇化、公共服务城镇化、基础设施城镇化、资源环境城镇化、城乡一体化的影响，结果如表 4.9 所示。

表 4.9　　农村产业结构偏离影响城镇化发展的结构效应

| 被解释变量 | ln(b1) | ln(b2) | ln(b3) | ln(b4) | ln(b5) | ln(b6) |
| --- | --- | --- | --- | --- | --- | --- |
| $[\ln(cp)]^2$ | 0.5138*** | 0.3637*** | 0.2511*** | 0.0554 | 0.0611 | -0.0396* |
|  | (5.05) | (3.03) | (3.69) | (0.59) | (0.93) | (-1.78) |
| ln(cp) | -1.5072*** | -1.6749*** | -0.8292*** | -0.5763** | -0.4040** | 0.2307*** |
|  | (-4.79) | (-4.51) | (-3.95) | (-1.99) | (-2.00) | (3.36) |
| $[\ln(ic)]^2$ | -0.4416*** | -0.4114*** | -0.2044*** | -0.2370*** | -0.1513*** | -0.0243* |
|  | (-7.67) | (-6.06) | (-5.32) | (-4.48) | (-4.08) | (-1.93) |
| ln(ic) | -3.8165*** | -4.6129*** | -1.9860*** | -2.7212*** | -1.7815*** | -0.2857*** |
|  | (-14.48) | (-14.84) | (-11.29) | (-11.24) | (-10.51) | (-4.96) |
| ln(inco) | -2.1505*** | -2.0239*** | -1.8710*** | -0.8214*** | -0.8377*** | -0.0594 |
|  | (-7.17) | (-5.72) | (-9.34) | (-2.98) | (-4.34) | (-0.91) |
| C | -6.2947*** | -8.1039*** | -3.9993*** | -5.5855*** | -4.3479*** | -3.1136*** |
|  | (-11.54) | (-12.60) | (-10.99) | (-11.15) | (-12.39) | (-26.13) |
| N | 270 | 270 | 270 | 270 | 270 | 270 |
| $R^2$ | 0.7531 | 0.7897 | 0.7162 | 0.6609 | 0.6563 | 0.3597 |

注："***""**""*"分别表示在 1%、5% 和 10% 水平上显著。

由表 4.9 可知：其一，农村产业结构偏离对经济发展城镇化的影响呈现"U 型"路径。农村产业结构偏离指标的二次项系数是 0.5138 且在 1% 水平上显著，农村产业结构偏离指标的一次项系数是 -1.5072 且在 1% 水平上显著。其二，农村产业结构偏离对居民生活城镇化的影响呈现"U 型"路径。农村产业结构偏离指标的二次项系数是 0.3637 且在 1% 水平上显著，农村产业结构偏离指标的一次项系数是 -1.6749 且在 1% 水平上显著。其三，农村产业结构偏离对公共服务城镇化的影响呈现"U 型"路径。农村产业结构偏离指标的二次项系数是 0.2511 且在 1% 水平上显著，农村产业结构偏离指标的一次项系数是 -0.8292 且在 1% 水平上显著。其四，农村产业结构偏离对基础设施城镇化的影响是负向的。农村产业结构偏离指标的二次项系数是 0.0554 但并不显著，农村产业结构偏离指标的一次项系数是 -0.5763 且在 1% 水平上显著。其五，农村产业结构偏离对资源环境城镇化的影响是负向的。农村产业结构偏离指标的二次项系数是 0.0611 但并不显著，农村产业结构偏离指标的一次项系数是 -0.4040 且在 1% 水平上显著。其六，农村产业结构偏离对城乡一体化的影响呈现"倒 U 型"路径。农村产业结构偏离指标的二次项系数是 -0.0396 且在 10% 水平上显著，农村产业结构偏离指标的一次项系数是 0.2307 且在 1% 水平上显著。就控制变量而言，产业结构对城镇化的影响是"倒 U 型"的，城乡收入差距的扩大是不利于城镇化推进的。

## 4.4 本章小结

在对我国农村三次产业结构调整进行测度评价和时空现状分析的基础上，本章从区域效应和结构效应视角实证分析了农村三次产业结构调整与城镇化发展之间的相互影响关系。本章的研究结果显示：

第一，在我国农村经济区域内，农村第一、二产业占比呈现先上升后下降的趋势，而农村第三产业占比呈现先下降后上升的趋势。就区域而言，东部沿海地区农村第一产业占比较小，农村第二、三产业占比较大；中西部地区却恰恰相反。

第二，城镇化发展对农村第一、二产业占比的影响路径是"倒 U 型"的，而其对农村第三产业占比的影响路径是"U 型"的。就区域效应而言，在市场机制更为完善的东部区域，城镇化发展对农村三次产业结构调整的影响更为显著；而在市场机制不够完善的中西部地区，城镇化发展影响农村三次产业结构调整的显著性相对较弱。就结构效应而言，经济发展城镇化对农村三次产业结构调整的影响起到最主要的作用，且其影响路径与城镇化发展的影响路径基本一致。

第三，农村第一、二产业占比对城镇化发展的影响呈现"U型"路径，而农村第三产业占比对城镇化发展的影响呈现"倒U型"路径。就区域效应而言，东部地区农村三次产业结构调整对城镇化发展的影响效应更显著。就结构效应而言，农村三次产业结构调整对经济发展城镇化、居民生活城镇化、公共服务城镇化、基础设施城镇化、资源环境城镇化、城乡一体化的影响各有异同。

第四，城镇化发展对农村产业结构偏离的影响路径是"U型"的，且这些影响路径的显著性在不同经济区域呈现一定的差异性。农村产业结构偏离对城镇化发展的影响则呈现显著的区域差异。在全国样本下，农村产业结构偏离对城镇化的影响呈现"U型"路径，在中西部地区样本下，农村产业结构偏离对城镇化发展的影响是负向的，在东部地区样本下，农村产业结构偏离对城镇化发展的影响是正向的。

第 5 章

# 城镇化发展与农业产业结构调整相互关系的实证研究

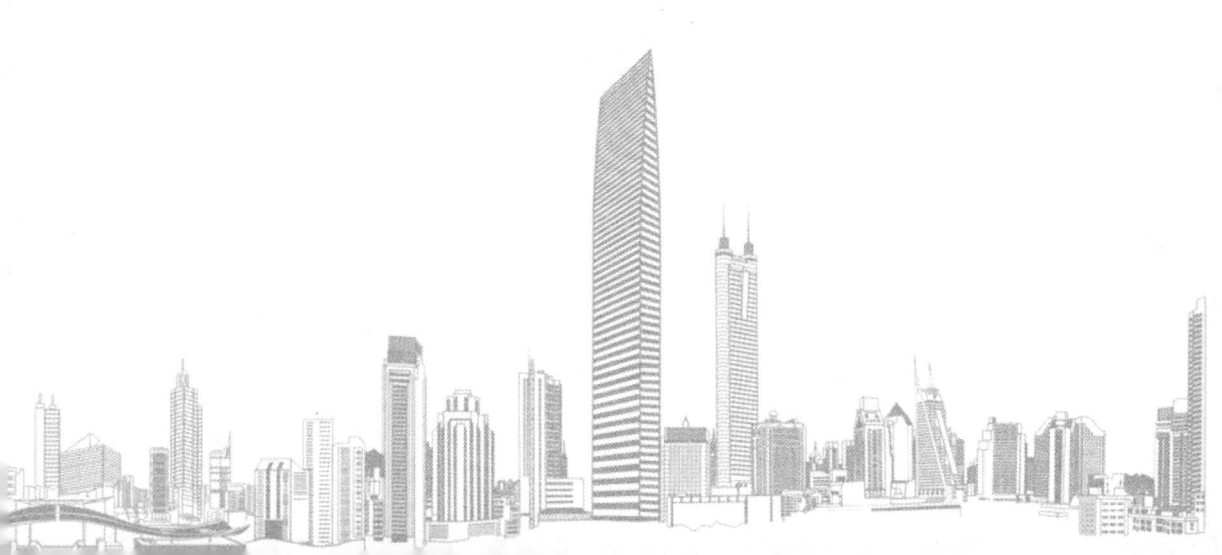

# 第 5 章　城镇化发展与农业产业结构调整相互关系的实证研究

如前文所述，农业产业结构优化升级是我国农村产业结构调整的重要内容。一方面，城镇化快速发展推动了农业的发展和农村的进步，促进了农业产业结构的调整和升级。另一方面，农业产业结构调整作为农业现代化过程的重要体现，也是城镇化发展的重要推动力量。在城乡统筹发展的宏观背景下，研究城镇化发展与农业产业结构调整之间的互动影响关系具有重要的意义。

## 5.1　我国农业产业结构调整的经验考察

如前所述，农业产业结构一般是指种植业、林业、畜牧业、渔业占总产值的比重。自新中国成立以来，随着我国经济的发展，农村产业结构的变化也呈现不同的阶段，主要可分为三个时期。

一是 1949—1978 年的缓慢变动时期。新中国成立初期，我国农村产业结构中的农业一直处于绝对的主要地位，其主要特点是单一的种植业结构，农村产业部分主要是农业，而农业又以粮食作物为主的种植业为主，林、牧和渔业还没有得到发展，工业和副业所占的比重也很小，此时我国整个农村产业结构处于较为不合理的状态。

二是 1979—1990 年的开始形成和逐步完善时期。随着党的十一届三中全会的召开，政府的工作重心主要转移到了经济建设上，农业产业结构进入变革阶段，只重视农业的状况逐步改变，农、林、牧、渔四个方面共同发展的情形逐渐形成，以家庭联产承包责任制为开端的经济体制改革突破了以往单一种植业的格局，调动了农民的生产积极性，很大程度上推进了农村社会化、专业化和商品化的进程，同时市场机制和消费结构的变化也使得农村第二、三产业得到快速发展，农村产业结构在满足人们基本需要同时，正在向农产品和工业消费品的优质化方向发展，推动了农村产业结构的调整。

三是 1990 年以来对农村产业结构的全面调整时期。自 20 世纪 90 年代以来，第一产业所占比重在逐渐下降，第二、三产业比重逐渐上升，我国农村产业结构逐步进入了三次产业共同发展的新阶段。虽然改革开放以来我国对农村产业结构进行了调整，而且取得了一定成效，但是生产结构单一、加工业滞后、市场发育不健全等问题依旧存在，所以加快深化改革．调整和优化农村产业结构是提高农民生活水平、改善农村生活环境的重要举措。

从1978—2013年城镇化率和农业、林业、牧业和渔业占比的演变过程（见表5.1），我们可以发现，我国城镇化率增长速度较快，几乎呈现直线式不断上升的趋势，1978年城镇化率为17.92%，2013年达到了53.70%，30多年间提高了35.78%。在城镇化进程不断推进的过程中，我国不同农业产业发展呈现不同的变化趋势，其中农业产值占总产值的比重呈现逐年下降的趋势，从1978年的79.9%下降到了2013年的53.09%，整体下降了将近27%；林业占总产值的比重基本没有发生很大变化；牧业占总产值的比重也发生了很大变化，1978年至2004年牧业占总产值的比重一直处于不断增长的趋势，2005年之后开始呈现逐渐波动的情况；渔业占总产值比重的变化趋势类似于牧业，也呈现先上升后不断波动的趋势。这说明，改革开放以来，我国城镇化发展对农业产业结构的影响存在结构差异性，其中城镇化发展的推进使得农业占比在不断减少、畜牧业占比在不断增加。也就是说，改革开放以来，我国以农业为主导的农村产业结构在不断发生改变。

表5.1　1978—2013年我国城镇化和农业各产业占比的数据对比

| 年份 | 城镇化率（%） | 农业占比（%） | 林业占比（%） | 牧业占比（%） | 渔业占比（%） |
| --- | --- | --- | --- | --- | --- |
| 1978 | 17.92 | 79.99 | 3.44 | 14.98 | 1.58 |
| 1979 | 18.96 | 78.05 | 3.59 | 16.84 | 1.53 |
| 1980 | 19.39 | 75.63 | 4.23 | 18.42 | 1.71 |
| 1981 | 20.16 | 75.01 | 4.54 | 18.44 | 2.02 |
| 1982 | 21.13 | 75.11 | 4.43 | 18.40 | 2.06 |
| 1983 | 21.62 | 75.44 | 4.63 | 17.64 | 2.30 |
| 1984 | 23.01 | 74.05 | 5.04 | 18.27 | 2.69 |
| 1985 | 23.71 | 69.25 | 5.21 | 22.06 | 3.48 |
| 1986 | 24.52 | 69.07 | 5.01 | 21.83 | 4.10 |
| 1987 | 25.32 | 67.59 | 4.75 | 22.85 | 4.81 |
| 1988 | 25.81 | 62.52 | 4.69 | 27.30 | 5.50 |
| 1989 | 26.21 | 62.75 | 4.36 | 27.55 | 5.34 |
| 1990 | 26.41 | 64.66 | 4.31 | 25.67 | 5.36 |
| 1991 | 26.94 | 63.09 | 4.51 | 26.47 | 5.93 |
| 1992 | 27.46 | 61.51 | 4.65 | 27.08 | 6.75 |
| 1993 | 27.99 | 60.07 | 4.49 | 27.41 | 8.02 |
| 1994 | 28.51 | 58.22 | 3.88 | 29.66 | 8.24 |

续表

| 年份 | 城镇化率（%） | 农业占比（%） | 林业占比（%） | 牧业占比（%） | 渔业占比（%） |
| --- | --- | --- | --- | --- | --- |
| 1995 | 29.04 | 58.43 | 3.49 | 29.72 | 8.36 |
| 1996 | 30.48 | 60.57 | 3.48 | 26.91 | 9.04 |
| 1997 | 31.91 | 58.23 | 3.44 | 28.73 | 9.60 |
| 1998 | 33.35 | 58.03 | 3.47 | 28.63 | 9.87 |
| 1999 | 34.78 | 57.53 | 3.61 | 28.54 | 10.31 |
| 2000 | 36.22 | 55.68 | 3.76 | 29.67 | 10.89 |
| 2001 | 37.66 | 55.24 | 3.59 | 30.42 | 10.75 |
| 2002 | 39.09 | 54.51 | 3.77 | 30.87 | 10.85 |
| 2003 | 40.53 | 50.08 | 4.18 | 32.13 | 10.57 |
| 2004 | 41.76 | 50.05 | 3.66 | 33.59 | 9.95 |
| 2005 | 42.99 | 49.72 | 3.61 | 33.74 | 10.18 |
| 2006 | 44.34 | 52.74 | 3.95 | 29.61 | 9.73 |
| 2007 | 45.89 | 50.43 | 3.81 | 32.98 | 9.12 |
| 2008 | 46.99 | 48.35 | 3.71 | 35.49 | 8.97 |
| 2009 | 48.34 | 50.99 | 3.63 | 32.25 | 9.32 |
| 2010 | 49.95 | 53.29 | 3.74 | 30.04 | 9.26 |
| 2011 | 51.27 | 51.64 | 3.84 | 31.70 | 9.31 |
| 2012 | 52.57 | 52.47 | 3.85 | 30.40 | 9.73 |
| 2013 | 53.70 | 53.09 | 4.02 | 29.32 | 9.93 |

## 5.2 城镇化发展影响农业产业结构调整的实证研究

### 5.2.1 实证设计及空间相关性检验

（1）计量模型设定

为消除和削弱实证过程中不同数据的指标单位差异和异方差问题，本书对所有变量进行了取对数处理，那么城镇化发展水平对农业产业结构影响的一般计量模型为：

$$Ln(ais)_{it} = \alpha_0 + \alpha_1 Ln(ub)_{it} + \alpha_2 [Ln(ub)_{it}]^2 + \alpha_3 Ln(aea)_{it} + \alpha_4 Ln(pal)_{it}$$
$$+ \alpha_5 Ln(pi)_{it} + \alpha_6 Ln(ai)_{it} + \alpha_7 Ln(fdi)_{it} + \varepsilon_{it} \quad (5.1)$$

在式5.1中，$i$ 代表地区；$t$ 代表年份，$\alpha_1$、$\alpha_2$、$\alpha_3$、$\alpha_4$、$\alpha_5$、$\alpha_6$、$\alpha_7$ 为待估计参数；$\varepsilon_{it}$ 为随机扰动项，其中 $i$、$t$ 分别表示第 $i(i=1,2,\cdots,30)$ 个省市和第 $t(t=1,2,\cdots,11)$ 年；ais 表示农业产业结构；ub 表示城镇化发展水平；aea 表示财政支农支出；pal 表示人均农业地面积；pi 表示种植业产品生产价格指数；ai 表示畜牧业产品生产价格指数；pdi 表示外商直接投资。

一个地区的农业产业结构不仅会受到自身发展的影响，而且会受到邻近地区的影响，而城镇化发展、财政支农支出、人均农业地面积、种植业价格指数、畜牧业价格指数和外商直接投资都对农业产业结构有不同程度的影响。根据空间自相关检验结果，为了将区域间的相互关系引入模型，本章通过空间计量实证模型来研究我国城镇化发展对农业产业结构的影响。

在空间计量模型中，根据观测值空间相关性的不同冲击方式，空间计量模型分为两种——空间滞后模型（SLM）和空间误差模型（SEM）——本书将利用这两个模型来考察城镇化发展对农业产业结构的影响。

空间滞后模型为：

$$Ln(ais)_{it} = \alpha_0 + \rho W Ln(ais)_{it} + \alpha_1 Ln(ub)_{it} + \alpha_2 [Ln(ub)_{it}]^2 + \alpha_3 Ln(aea)_{it}$$
$$+ \alpha_4 Ln(pal)_{it} + \alpha_5 Ln(pi)_{it} + \alpha_6 Ln(ai)_{it} + \alpha_7 Ln(fdi)_{it} + \varepsilon_{it} \quad (5.2)$$

在式（5.2）中，$\rho$ 是空间自回归系数，如果 $\rho$ 通过显著性检验，即 $\rho \neq 0$，则表示区域之间存在明显的相互影响关系。$W$ 是空间权重矩阵，$\varepsilon$ 是随机扰动项，满足条件 $E(\varepsilon)=0$，$Cov(\varepsilon)=\sigma^2 I$。

空间误差模型可以表示为：

$$Ln(ais)_{it} = \alpha_0 + \lambda W \varepsilon_{it} + \alpha_1 Ln(ub)_{it} + \alpha_2 [Ln(ub)_{it}]^2 + \alpha_3 Ln(aea)_{it}$$
$$+ \alpha_4 Ln(pal)_{it} + \alpha_5 Ln(pi)_{it} + \alpha_6 Ln(ai)_{it} + \alpha_7 Ln(fdi)_{it} + u_{it} \quad (5.3)$$

在式（5.3）中，$\lambda$ 是空间误差项的系数，$W$ 是空间权重矩阵，$\varepsilon$ 是随机扰动项，误差项 $u$ 满足条件 $E(u)=0$，$Cov(u)=\sigma^2 I$，即满足零均值且误差项正交。

因为本章研究的是空间面板数据，而以上模型仅适用于横截面数据，所以用分块对角矩阵 $I_T \otimes W_N$ 代替上式中的空间权重矩阵 $W$，其中 $W_N$ 是 $n \times n$ 阶的空间权重矩阵，$I_T$ 为 $T \times T$ 阶单位时间矩阵，$\otimes$ 为克罗内克积。那么对于空间面板模型，被解释变量的空间滞后可表示为 $W_y = W_{NT} y = (I_T \otimes W_N) y$，随机扰动项的空间滞后可表示为 $W\varepsilon = W_{NT}\varepsilon = (I_T \otimes W_N)\varepsilon$。此外，面板数据的空间权重矩阵可以写成如下形式：$W_{NT} = diag(w_N, w_N, \cdots, w_N)_{NT*NT} = I_T \otimes W_N$。

带被解释变量的空间滞后项的空间面板模型（空间滞后）为：

$$Ln(ais)_{it} = \alpha_0 + \rho(I_T \otimes W_N)Ln(ais)_{it} + \alpha_1 Ln(ub)_{it} + \alpha_2[Ln(ub)_{it}]^2 + \alpha_3 Ln(aea)_{it} + \alpha_4 Ln(pal)_{it} + \alpha_5 Ln(pi)_{it} + \alpha_6 Ln(ai)_{it} + \alpha_7 Ln(fdi)_{it} + \varepsilon_{it} \quad (5.4)$$

带空间滞后随机扰动项的空间面板模型（空间误差）为：

$$Ln(ais)_{it} = \alpha_0 + \alpha_1 Ln(ub)_{it} + \alpha_2[Ln(ub)_{it}]^2 + \alpha_3 Ln(aea)_{it} + \alpha_4 Ln(pal)_{it} + \alpha_5 Ln(pi)_{it} + \alpha_6 Ln(ai)_{it} + \alpha_7 Ln(fdi)_{it} + (I_{NT} - \lambda * I_T \otimes W_N)^{-1} \varepsilon_{it} \quad (5.5)$$

在式（5.4）和式（5.5）中，$\varepsilon$是随机干扰项向量，$\varepsilon \sim N(0, \sigma^2 I)$。考虑到面板数据存在的个体相应可能是固定效应，也可能是随机效应，通常情况下，受地理历史因素影响，我国各个省级行政区往往富有自身特质，针对我国省级行政区域的样本研究一般满足固定效应，所以在利用我国省级行政区域的空间面板数据进行实证分析时，空间固定效应模型往往是更合适的选择。

（2）指标选取与数据来源

根据以上模型分析，本章选取农业产业结构为被解释变量，选取城镇化发展、财政支农支出、人均农业地面积、种植业价格指数、畜牧业价格指数和外商直接投资为解释变量进行计量分析。其中，农业产业结构选取林、牧、渔业占农、林、牧、渔业总产值的比重来表示，城镇化发展水平利用本书第3章中评价所得的城镇化发展指标进行衡量，财政支农支出用农业支出占财政支出的比重表示，人均农业地面积采用农业用地除以农业人员的比重表示，种植业价格指数和畜牧业价格指数用来表示种植业和畜牧业产品价格的动态变化，外商直接投资表示外资对农业产业结构的影响。本部分相关数据来源于各年的《中国统计年鉴》《中国农村统计年鉴》。

（3）空间相关性检验

城镇化发展水平的测度结果表明，各区域与各省份的城镇化发展水平存在显著差异，说明区域之间可能存在空间相关性，即某个地区的城镇化发展水平不仅会受到邻近地区城镇化发展水平的影响，而且会影响邻近地区的城镇化发展，这说明城镇化发展水平可能对距离相对较近的地区产生较大的空间效应。

那么如何从理论上来检验这种空间相关性？一般而言，空间经济学选用

Moran's I 和 Geary's C 两个空间统计量来进行检验。

Moran's I 指数为：

$$I = \frac{n\sum_{i=1}^{n}\sum_{j=1}^{n}\omega_{ij}(x_i - \bar{x})(x_j - \bar{x})}{\sum_{i=1}^{n}\sum_{j=1}^{n}\omega_{ij}\sum_{i=1}^{n}(x_i - \bar{x})^2} = \frac{\sum_{i=1}^{n}\sum_{j\neq i}^{n}\omega_{ij}(x_i - \bar{x})(x_j - \bar{x})}{S^2 \sum_{i=1}^{n}\sum_{j=1}^{n}\omega_{ij}} \tag{5.6}$$

Geary's C 指数为：

$$C = \frac{(n-1)\sum_{i=1}^{n}\sum_{j=1}^{n}w_{ij}(x_i - x_j)^2}{2(\sum_{i=1}^{n}\sum_{j=1}^{n}w_{ij})[\sum_{i=1}^{n}(x_i - \bar{x})^2]} \tag{5.7}$$

在式（5.6）和式（5.7）中，$n$ 代表地区数，$\omega_{ij}$ 是表示空间权重，本书选择邻接矩阵，如果两个地区相邻，则为 1，不相邻，则为 0；$x_i$ 和 $x_j$ 分别用来表示地区 $i$ 和 $j$ 的属性，其平均值为 $\bar{x} = \frac{1}{n}\sum_{i=1}^{n} x_i$，其方差为 $S^2 = \frac{1}{n}\sum_{i=1}^{n}(x_i - \bar{x})^2$。

对于 Moran's I 指数而言，取值范围为 -1 到 1 之间，如果 $I$ 处于 0 到 1 之间，而且在 10% 的显著性水平下通过检验，说明存在正的空间自相关，如果 $I$ 接近 0，说明不存在空间自相关性，如果 $I$ 处于 -1 到 0 之间，而且显著，说明存在负的空间自相关。

对于 Geary's C 指数而言，取值范围为 0 到 2 之间，如果 C 大于 0 小于 1，说明存在正向空间自相关，如果 C 等于 1，说明不存在空间相关性，如果 C 大于 1 小于 2，则表明存在负向空间自相关。

本章运用 Stata11.1 软件对 2013 年各变量的空间相关性进行了检验（见表 5.2），结果表明，近年来，我国大部分变量的 Moran's I 指数处于 0 到 1 之间，而且显著为正，Geary's C 指数处于 0 到 1 之间且显著，说明我国各地区各指标在空间分布上存在显著的正向空间自相关，如果忽视空间效应作用，将会导致模型设定有误，故在实证分析中要考虑空间因素。

表 5.2　　　　　　2013 年各变量的空间相关性检验结果

| 变量 | Moran's I | z – value | p – value | Geary's c | z – value | p – value |
| --- | --- | --- | --- | --- | --- | --- |
| ais | 0.225 *** | 2.313 | 0.010 | 0.692 ** | -2.020 | 0.022 |
| ub | 0.245 *** | 2.554 | 0.005 | 0.474 *** | -2.899 | 0.002 |
| aea | 0.162 ** | 1.762 | 0.039 | 0.600 *** | -2.481 | 0.007 |
| pal | 0.110 ** | 1.891 | 0.029 | 0.712 | -0.802 | 0.211 |

续表

| 变量 | Moran's I | z – value | p – value | Geary's c | z – value | p – value |
| --- | --- | --- | --- | --- | --- | --- |
| $pi$ | 0.084 | 1.057 | 0.145 | 0.857 | −0.951 | 0.171 |
| $ai$ | 0.392*** | 3.926 | 0.000 | 0.355*** | −3.432 | 0.000 |
| $fdi$ | 0.115* | 1.419 | 0.078 | 0.729 | −1.272 | 0.102 |
| $B1$ | 0.213** | 2.283 | 0.011 | 0.548*** | −2.381 | 0.009 |
| $B2$ | 0.271*** | 2.819 | 0.002 | 0.441*** | −2.968 | 0.001 |
| $B3$ | 0.135* | 1.608 | 0.054 | 0.606** | −1.853 | 0.032 |
| $B4$ | 0.238*** | 2.454 | 0.007 | 0.581*** | −2.543 | 0.006 |
| $B5$ | 0.114* | 1.330 | 0.092 | 0.787* | −1.374 | 0.085 |
| $B6$ | 0.153* | 1.712 | 0.043 | 0.490*** | −2.864 | 0.002 |

注："***""**""*"分别表示在1%、5%、10%的统计水平上显著。

## 5.2.2 城镇化发展影响农业产业结构调整的实证结果

本部分以农业产业结构为因变量，以城镇化发展水平、农业支出占比、人均农用地面积、种植业生产价格水平、畜牧业生产价格水平以及外商直接投资为自变量，运用STATA 11.0软件对相应的实证模型进行估计，结果如表5.3所示。首先，本书对传统OLS模型使用固定效应还是随机效应进行了hausman检验，检验结果显示，本书应该用固定效应较好；其次，对空间滞后模型和空间误差模型进行了估计，通过比较OLS、SLM和SEM实证结果中的AIC、BIC和LOL值可以发现，SLM模型的LOL值最大，AIC和BIC值最小，说明选用SLM模型进行实证分析较为合适；因此，本书后面均采用SLM模型进行实证分析。

在全国样本数据下，OLS、SLM、SEM的估计结果显示，城镇化发展的一次项系数为负值（−0.2870、−0.1379和−0.1791），且均在10%水平下显著；城镇化发展的二次项系数为负值（−0.1063、−0.0642和−0.0774），且均在5%水平下显著。这表明城镇化发展水平对农业产业结构的影响存在"倒U型"曲线特征，即初期，随着城镇化发展的不断推进，农业产业结构呈现不断上升的趋势；而后，随着城镇化发展水平的进一步提升，农业产业结构开始呈现逐年下降的趋势，表明推动城镇化发展可以有效提高农业总产值和劳动生产率，但是这种促进作用存在一个转折点。这一实证结论说明，我国城镇化发展推进到一定阶段就应该适当放缓脚步，不可盲目推进城镇化的发展。

表 5.3　全国及三个区域城镇化发展对农业产业结构影响的估计结果

| 指标 | OLS | 全国 SLM | 全国 SEM | 东部 SLM | 中部 SLM | 西部 SLM |
|---|---|---|---|---|---|---|
| $\ln(ub)$ | -0.2870*** <br> (-3.57) | -0.1379* <br> (-1.79) | -0.1791* <br> (-1.90) | 0.1067** <br> (2.41) | -0.6742*** <br> (-3.04) | -0.8890*** <br> (-5.52) |
| $[\ln(ub)]^2$ | -0.1063*** <br> (-3.24) | -0.0642** <br> (-2.12) | -0.0774** <br> (-2.18) | — | -0.3370*** <br> (-3.28) | -0.2901*** <br> (-4.85) |
| $\ln(aea)$ | 0.0054 <br> (0.31) | 0.0084 <br> (0.54) | -0.0049 <br> (-0.27) | -0.0573** <br> (-2.01) | 0.0372 <br> (1.30) | -0.0052 <br> (-0.21) |
| $\ln(pal)$ | -0.0869** <br> (-2.07) | -0.0791** <br> (-2.10) | -0.1111*** <br> (-2.79) | -0.1003** <br> (-2.01) | -0.4383*** <br> (-3.31) | 0.0336 <br> (0.58) |
| $\ln(pi)$ | -0.2303*** <br> (-4.40) | -0.1549*** <br> (-3.17) | -0.1572*** <br> (-2.77) | -0.1837** <br> (-2.15) | -0.4519*** <br> (-5.30) | -0.1735** <br> (-2.57) |
| $\ln(ai)$ | 0.0863*** <br> (3.18) | 0.0481* <br> (1.90) | 0.0541 <br> (1.29) | 0.0390 <br> (1.08) | 0.1632*** <br> (3.78) | 0.1051** <br> (2.49) |
| $\ln(fdi)$ | -0.0150** <br> (-2.10) | -0.0145** <br> (-2.26) | -0.0166** <br> (-2.55) | -0.0408*** <br> (-3.21) | -0.0402*** <br> (-2.95) | 0.0242*** <br> (2.81) |

续表

| 指标 | 全国 OLS | 全国 SLM | 全国 SEM | 东部 SLM | 中部 SLM | 西部 SLM |
|---|---|---|---|---|---|---|
| cons_ | -0.1607 (-0.66) | — | — | — | — | — |
| ρ | — | 15.8082*** (5.70) | — | 14.7178** (2.24) | -4.1736 (-0.33) | 28.6591*** (3.19) |
| γ | — | — | 17.1953*** (5.58) | — | — | — |
| $R^2$ | 0.2663 | 0.2883 | 0.2572 | 0.3654 | 0.3837 | 0.5678 |
| hausman | 55.13*** | | | | | |
| AIC | -1045.29 | -1067.735 | -1063.601 | -439.8416 | -335.37 | -333.0694 |
| BIC | -1014.897 | -1033.543 | -1029.409 | -416.7792 | -312.0139 | -309.7133 |
| LOL | 530.6448 | 542.8674 | 540.8003 | 227.9208 | 176.685 | 175.5347 |
| obs | 330 | 330 | 330 | 132 | 99 | 99 |

注:"***""**""*"分别表示在1%、5%、10%的统计水平上显著,括号里面是z值。

通过比较全国和东部、中部、西部三大地带的回归结果,可以发现,对于东部地区而言,城镇化发展水平的系数显著为正(0.1067),二次项系数没有通过显著性检验,"倒 U 型"曲线不存在,说明随着城镇化的发展,东部地区农业产业结构一直呈现不断上升的趋势,在农业内部的各个产业中,东部大部分地区的种植业比重在不断下降,而畜牧业比重却在不断上升,这表明农业正在逐步退出支持工业化而进入自我发展为主的阶段,农业产业结构正在由以大宗农产品为主的种植业向养殖、蔬菜等产业共同发展的多元方向演进;对于中西部地区而言,城镇化发展的一次项系数和二次项系数均为负,说明城镇化发展水平对农业产业结构的影响呈现"倒 U 型"曲线,说明对于经济欠发达的中西部地区而言,农业依旧以大宗农作物为主,随着城镇化发展的推进,非农业人口的增加,原有生产农产品的劳动者逐步演变为生产蔬菜、畜牧水产等农副产品的消费者,进而促使农业产业结构有所提高,但是这些地区尚处于城镇化发展的初级阶段,由于经济、人口、基础设施以及生态环境等方面的发展不协调,对农业产业结构产生抑制作用。

根据 SLM 模型的实证结果可以发现,除了变量农业支出占比以外,其他所有变量都通过了显著性检验,而且农业产业结构的空间滞后因子 $\rho$ 和空间误差因子 $\gamma$ 均为正,且在 1% 的水平上显著,说明农业产业结构存在较强的空间依赖性,农业产业结构对邻近地区的溢出效应明显,即本地区农业产业结构会受到邻近地区农业产业结构调整的影响,地理空间效应在城镇化发展和农业产业结构调整中发挥着重要的作用。

农业产业结构还受到其他控制变量的影响。其中,人均农用地面积对农业产业结构的影响显著为负,这是因为人均农用地越多,农业占比就越大,那么畜牧业等所占比重就会相应减少,进而使得林、牧、渔业占农、林、牧、渔业总产值比重降低;种植业生产价格指数对农业产业结构的影响显著为负,这是因为种植业生产价格指数越高,预示着种植业产品的市场价格越贵,此时会刺激种植业所占比重增加,进而使得林、牧、渔业占农、林、牧、渔业总产值的比重降低;畜牧业生产价格指数对农业产业结构的影响显著为正,这是因为随着畜牧业生产价格指数的增加,畜牧业相关产品价格提高,进而刺激畜牧业占比增加,使得林、牧、渔业占农、林、牧、渔业总产值的比重增加;外商直接投资对农业产业结构的影响显著为负,虽然外商直接投资可以为农业产业结构的优化和发展提供所需的资金和技术,但是政府对于农业产业的发展关注较少,导致资金投入严重不足,外资直接投资的促进作用尚未显现；农业支出占财政支出的比重对农业产业结构的影响不显著。

### 5.2.3　城镇化发展与农业产业结构调整的区域协调性检验

由前文可知，城镇化发展对农业产业结构调整的影响呈现显著的区域特征：在东部地区，对农业产业结构调整的影响呈正向路径走势；在中西部地区，城镇化发展水平对农业产业结构调整的影响呈现"倒 U 型"曲线。那么，在实际中，我国各地区农业产业结构与城镇化发展的协调现状究竟如何？哪些地区的农业产业结构滞后于城镇化的发展？这是本部分要解决的问题。

为探讨城镇化发展对农业产业结构调整的影响路径，上一小节设计了各自的实证模型，式（5.1）是最为基本的模型，可在此模型的基础上得到农业产业结构调整的拟合值和残差的具体数值。多元线性回归的本质是向均值回归，那么经过回归分析后，如果某地区某年的残差值为正数，即农业产业结构调整的实际值大于其拟合值，则表明该地区该年份的农业产业结构并没有滞后于城镇化的发展，二者存在较好的协调性；反之，若某地区某年份的残差值为负数，也就是说农业产业结构的实际值小于其拟合值，则表明该地区该年份的农业产业结构调整滞后于城镇化的发展，二者没有体现出该有的协调性。值得注意的是，由于农业产业结构调整对城镇化发展的影响在短期内并不显著，本章没有考虑反向的拟合，即城镇化发展是否滞后于农业产业结构调整。基于上述计量理论，通过对式（5.1）因变量的拟合和求残差，在特定年份，农业产业结构调整滞后于城镇化发展的省如表 5.4 所示。

表 5.4　各年份农业产业结构调整滞后于城镇化发展的省、自治区、直辖市

| 2003 年 | 2006 年 | 2009 年 | 2013 年 |
| --- | --- | --- | --- |
| 河北 | 河北 | 河北 | 河北 |
| 山西 | 山西 | 山西 | 山西 |
| 吉林 | 黑龙江 | 江苏 | 黑龙江 |
| 黑龙江 | 江苏 | 安徽 | 安徽 |
| 江苏 | 安徽 | 山东 | 山东 |
| 安徽 | 山东 | 河南 | 河南 |
| 山东 | 河南 | 湖北 | 湖北 |
| 河南 | 湖北 | 湖南 | 湖南 |
| 湖北 | 广西 | 重庆 | 重庆 |

续表

| 2003 年 | 2006 年 | 2009 年 | 2013 年 |
| --- | --- | --- | --- |
| 重庆 | 重庆 | 贵州 | 贵州 |
| 贵州 | 贵州 | 云南 | 云南 |
| 云南 | 云南 | 陕西 | 陕西 |
| 陕西 | 陕西 | 甘肃 | 甘肃 |
| 甘肃 | 甘肃 | 宁夏 | 宁夏 |
| 新疆 | 宁夏 | 新疆 | 新疆 |
|  | 新疆 |  |  |

由表 5.4 可知：在 2003 年，相对而言，有 15 个省、自治区、直辖市（样本数的一半）处于农业产业结构调整滞后于城镇化发展的阶段（即二者存在一定的不协调性），在这 15 个区域中，除了河北、江苏外，其他均处于中西部地区，特别是西北、西南落后地区，如陕西、甘肃、新疆、云南、贵州、重庆，再加上中部地区的湖北、河南、安徽等。

到了 2006 年，处于农业产业结构调整滞后于城镇化发展阶段的省份发生了一些变化。具备一定地缘优势的吉林省不再属于这一类型区域，这与以 2003 年 10 月下发的《关于实施东北地区等老工业基地振兴战略的若干意见》有密切关系。值得一提的是，2004 年至 2006 年的三年，是东北三省发展最快最好的时期之一。同时，表 5.4 还显示广西和宁夏出现在农业产业结构调整滞后于城镇化发展的类型区域。

2009 年和 2006 年差异不大，仅黑龙江省在名单中消失，这也与东北老工业基地的振兴有关。到了 2013 年，在经济发展结构的约束限制下，黑龙江又再次出现在这一名单中。另外，我们还发现江苏省的状况有所好转。

### 5.2.4 城镇化发展六个子系统对农业产业结构调整的影响

根据城镇化发展的综合测度，可以发现城镇化发展主要建立在城镇经济发展、城镇居民生活、城镇公共服务、城镇基础设施、城镇资源环境以及城乡一体化六个方面框架上。这六个方面对农业产业结构调整都会产生相应的影响，基于此，本节分别实证分析了城镇化发展六个子系统对农业产业结构调整的影响。

实证结果如表 5.5 所示。

表 5.5 城镇化发展六个子系统对农业产业结构影响的估计结果

| 地区 | 指标 | B1 | B2 | B3 | B4 | B5 | B6 |
|---|---|---|---|---|---|---|---|
| 全国 | ln(ub) | -0.1821*** (-2.69) | -0.0041 (-0.38) | -0.2042** (-2.54) | 0.0082 (0.56) | 0.0047 (0.24) | -3.0444*** (-4.66) |
|  | [ln(ub)]² | -0.0284*** (-2.98) | — | -0.0310*** (-2.90) | — | — | -0.6261*** (-4.74) |
|  | ρ | 16.3347*** (6.05) | 16.4282*** (6.32) | 15.5882*** (5.71) | 16.9140*** (6.80) | 16.8484*** (6.63) | 15.4910*** (6.04) |
| 东部 | ln(ub) | 0.0571*** (2.65) | 0.0408* (1.87) | 0.0716*** (2.94) | 0.0794*** (2.90) | 1.0173** (2.12) | -5.0896*** (-5.46) |
|  | [ln(ub)]² | — | — | — | — | 0.1928* (1.95) | -1.0685*** (-5.28) |
|  | ρ | 15.3966** (2.35) | 13.3384** (2.02) | 14.9278** (2.30) | 12.1992* (1.88) | 16.4886** (2.51) | 1.0152 (0.15) |
| 中部 | ln(ub) | -0.0029 (-0.11) | -0.3656*** (-2.75) | -1.1451*** (-4.18) | -0.0020 (-0.06) | 0.0252 (0.62) | -4.6034*** (-1.97) |
|  | [ln(ub)]² | — | -0.0474*** (-2.86) | -0.1715*** (-4.36) | — | — | -1.0043** (-2.12) |
|  | ρ | 3.2409 (0.26) | -1.7407 (-0.14) | 5.6571 (0.48) | 3.5240 (0.29) | 4.5466 (0.38) | 14.3092 (1.25) |

续表

| 地区 | 指标 | 城镇化发展的六个方面 | | | | | |
|---|---|---|---|---|---|---|---|
| | | B1 | B2 | B3 | B4 | B5 | B6 |
| 西部 | $\ln(ub)$ | -0.5664** | -0.3899*** | -0.9961*** | -0.5751*** | -0.9456*** | -3.5181* |
| | | (-2.41) | (-3.96) | (-7.38) | (-3.66) | (-4.10) | (-1.94) |
| | $[\ln(ub)]^2$ | -0.0726** | -0.0368*** | -0.1236*** | -0.0831*** | -0.1485*** | -0.6916** |
| | | (-2.09) | (-3.68) | (-7.46) | (-3.31) | (-3.82) | (-1.97) |
| | $\rho$ | 33.2015*** | 32.4996*** | 26.4274*** | 39.2788*** | 38.2599*** | 49.6379*** |
| | | (3.40) | (3.53) | (2.94) | (4.86) | (4.71) | (7.16) |

注："***""**""*"分别表示在1%、5%、10%的统计水平上显著，括号里面是z值。

第一，就全国而言，城镇经济发展、公共服务和城乡一体化对农业产业结构的影响呈现"倒 U 型"，其他三个方面的影响不显著。在表 5.5 中，指标 B1、B3、B6 的二次项系数分别是 $-0.0284$、$-0.0310$、$-0.6261$，且均在 1% 水平下显著；而它们的一次项系数分别是 $-0.1821$、$-0.2042$、$-3.0444$，且均在 5% 水平下显著，而 B2、B4、B5 指标的影响显著性均不强。这说明在城镇化发展进程中，随着经济的不断发展、公共服务的不断完善以及城乡一体化的推进，农业产业结构得到优化，同时也说明随种植业的减少和畜牧业的增加，农业内部各产业发展逐渐趋于均衡，但是如果城镇化发展的推进导致耕地不断减少，种植业产值降低过多，使得农产品供应严重不足，进而导致农业产业结构失衡，那么对于非种植业的发展就要掌握一个度。整体而言，城镇居民生活、基础设施和资源环境对农业产业结构的影响较为复杂，导致影响均不显著。

第二，就东部地区而言，城镇经济发展、居民生活、公共服务和基础设施对农业产业结构的影响显著为正，资源环境的影响呈现"U 型"，而城乡一体化的影响呈现"倒 U 型"。指标 B1、B2、B3、B4 的一次项系数分别是 0.0571、0.0408、0.0716 和 0.0794，且均是显著性较强的；指标 B5 的二次项系数为 0.1928，一次项系数为 1.0173，显著性均较强；指标 B6 的二次项系数为 $-1.0685$，一次项系数为 $-5.0896$，且显著性较强。东部地区是城镇化发展较快较好的区域，其城乡经济发展、居民生活、公共服务和基础设施四个方面发展较快，对农业产业结构的正向推动作用也较大，而在城镇化发展推进过程中，资源消耗和环境污染问题日益凸显，对农业产业结构产生抑制作用，当城镇化发展到一定程度，这种抑制作用逐渐减少，促进作用开始出现，而城乡一体化的发展很大程度上促进了农业各产业的发展，其中对畜牧业的促进作用最大。

第三，就中部地区而言，城镇居民生活、公共服务以及城乡一体化对农业产业结构的影响呈现"倒 U 型"，其他三个方面的影响不显著。指标 B2、B3、B6 的二次项系数分别是 $-0.0474$、$-0.1715$、$-1.0043$，且均在 1% 水平下显著；而它们的一次项系数分别是 $-0.3656$、$-1.1451$、$-4.6034$，且均在 1% 水平下显著。指标 B1、B4、B5 系数的显著性并不强。这是因为在城镇化发展进程中，随着中部地区居民生活和公共服务的不断提升，农村人口不断向城镇转移，农民的人均资源占有量增加，进而促进了农业各产业生产的规模化和机械化，进而会优化农业产业结构，但是当城镇化发展到一定阶段,逆城镇化发展可能出现,就会对农业产业结构产生抑制作用。

第四,就西部地区而言,城镇经济发展、居民生活、公共服务、基础设施、资源环境和城乡一体化六个层面对农业产业结构的影响均呈现"倒U型"。指标 B1、B2、B3、B4、B5、B6 的二次项系数分别是 -0.0726、-0.0368、-0.1236、-0.0831、-0.1485、-0.6916,且显著性均很强;它们的一次项系数分别是 -0.5664、-0.3899、-0.9961、-0.5751、-0.9456、-3.5181,且显著性均较强。对于各项发展相对滞后的西部地区,城镇化的发展很不平衡,城市发育明显不足,但其资源环境承载能力较强,所以新型城镇六个方面的推进不仅加快城镇化发展进程,逐步培育新的增长极,而且有利于改变其以种植业为主的农业产业结构,促进畜牧业、林业等的共同发展,进而优化农业产业结构。

## 5.3 农业产业结构调整影响城镇化发展的实证研究

城镇化发展对农业产业结构调整的影响在上文中得到了分析,农业产业结构的调整是否也能够反向对城镇化发展产生一定的促进作用依然是一个值得探讨的问题。本书第 2 章中的理论和模型分析发现,农业产业结构的调整是一个缓慢的长期动态进程,农业产业结构调整对城镇化发展的短期效应并不显著。在供给与需求、生产要素和可持续发展等路径下,农业产业结构调整对城镇化发展产生了长期的影响效应。那么,从实证层面检验农业产业结构调整对城镇化发展的短期和长期影响便成为本部分的核心内容。

### 5.3.1 农业产业结构调整对城镇化发展短期影响的实证分析

直观上,由于城镇对农村在很多方面保持着明显的优势地位,农村在很大程度上依附着城镇的发展而发展,农业作为农村三次产业的一个部分更是如此。因此,一般认为,城镇化发展对农业产业结构调整的影响要远远大于其逆向影响。考虑到农业产业结构的调整会对农业内部农、林、牧、副、渔业的投资产生一定的影响,而农业的投资有相当一部分来自城镇地区,由于资本都是逐利的,这类投资或多或少会对城镇化发展产生一定的推动作用。同时,农业产业结构的调整,特别是林、牧、副、渔业的发展,会丰富城乡居民的消费选择,对城乡居民的日常消费产生结构性的影响,通过这一渠道,农业产业结构的调整也有可能对城镇化发展产生一定的影响。

为进一步验证这种影响是否存在,设计计量模型如下:

$$ub_{it} = \alpha_0 + \alpha_1 ai_{it} + \alpha_2 inv_{it} + \alpha_3 rgdp_{it} + \alpha_4 eu_{it} + \alpha_5 er_{it} + \lambda_i + \gamma_t + \varepsilon_{it}$$

(5.8)

其中,$ub$ 和 $ai$ 变量与上文保持一致,$inv$ 表示农村农户固定资产投资总额,$rgdp$ 表示各地区实际 $GDP$ 大小,$eu$ 表示城镇地区的恩格尔系数,$er$ 则是农村地区的恩格尔系数。模型中后三个符号分别表示地区固定效应、时间固定效应和随机误差项,随机误差项服从一般正态分布。为保持模型稳健性,采取混合截面、随机效应模型和固定效应模型三种模型对实证结果进行对比分析。

表 5.6 是三个模型的回归结果,三个模型的被解释变量都是各地区的城镇化发展水平。豪斯曼检验结果拒绝了固定效应与个体无关的原假设,表明固定效应是更为可取的选择。在控制了年度虚拟变量之后,我们发现农业产业结构的调整对城镇化发展虽然有一定的正向影响,但是非常不显著,这验证了前文的分析,即城镇化发展对农业产业结构调整的短期影响并不显著。

表 5.6　农业产业结构对城镇化发展短期影响的实证分析结果

| 被解释变量 | $ub$ | | |
|---|---|---|---|
| 估计方法 | 混合截面 | 随机效应 | 固定效应 |
| $ai$ | 0.0598 ** | 0.0613 | 0.0349 |
| | (2.49) | (1.54) | (0.91) |
| $inv$ | 0.0064 *** | 0.0094 *** | 0.0008 |
| | (6.19) | (6.04) | (0.61) |
| $rgdp$ | 0.0538 *** | 0.0467 *** | 0.0094 *** |
| | (42.74) | (34.54) | (4.64) |
| $eu$ | 0.0008 | 0 | -0.0009 |
| | (1.04) | (0.03) | (-1.21) |
| $er$ | -0.0010 ** | -0.0025 *** | 0.0010 ** |
| | (-2.17) | (-4.84) | (2.26) |
| 2004. year | | | 0.0144 *** |
| | | | (3.49) |
| 2005. year | | | 0.0279 *** |
| | | | (6.72) |

续表

| 被解释变量 | ub | | |
|---|---|---|---|
| 估计方法 | 混合截面 | 随机效应 | 固定效应 |
| 2006.year | | | 0.0419*** |
| | | | (9.05) |
| 2007.year | | | 0.0656*** |
| | | | (13.36) |
| 2008.year | | | 0.0861*** |
| | | | (15.74) |
| 2009.year | | | 0.1098*** |
| | | | (17.32) |
| 2010.year | | | 0.1311*** |
| | | | (18.17) |
| 2011.year | | | 0.1533*** |
| | | | (18.13) |
| 2012.year | | | 0.1735*** |
| | | | (18.39) |
| 2013.year | | | 0.1961*** |
| | | | (18.57) |
| _cons | 0.1934*** | 0.2957*** | 0.2257*** |
| | (8.08) | (7.46) | (5.22) |
| N | 330 | 330 | 330 |
| $r^2$ | 0.9105 | | 0.9624 |

注："***""**""*"分别表示在1%、5%、10%的统计水平上显著，括号里面是t值。

就控制变量而言，农村农户固定资产投资总额对城镇化发展产生正向的影响，指标 inv 的系数分别为0.0064、0.0094、0.0008，且前二者均在1%水平上显著；地区经济发展状况对城镇化发展水平具有显著的正向影响，指标 rgdp 的系数分别为0.0538、0.0467、0.0094，且均在1%水平上显著；城镇地区恩格尔系数对城镇化发展的影响并不显著；而农村地区恩格尔系数对城镇化发展的影响显著为正，在固定效应模型中，指标 er 的影响系数为0.0010，且在5%水平上显著。

## 5.3.2 农业产业结构调整对城镇化发展长期影响的实证分析

农业产业结构的调整是一个缓慢的长期动态进程，农业产业结构调整对城镇化发展的短期效应并不显著。但在供给与需求、生产要素和可持续发展等路径下，农业产业结构调整对城镇化发展产生了长期的影响效应。为了检验农业产业结构调整对城镇化发展的长期影响，本章构建了主要解释变量的滞后项模型实证探讨了城镇化发展的长期影响效应。计量模型设计如下：

模型 1：$ub_{it} = \alpha_0 + \alpha_1 ai_{it-1} + \alpha_2 inv_{it} + \alpha_3 rgdp_{it} + \alpha_4 eu_{it} + \alpha_5 er_{it} + \lambda_i + \gamma_t + \varepsilon_{it}$ (5.9)

模型 2：$ub_{it} = \alpha_0 + \alpha_1 ai_{it-2} + \alpha_2 inv_{it} + \alpha_3 rgdp_{it} + \alpha_4 eu_{it} + \alpha_5 er_{it} + \lambda_i + \gamma_t + \varepsilon_{it}$ (5.10)

模型 3：$ub_{it} = \alpha_0 + \alpha_1 ai_{it-3} + \alpha_2 inv_{it} + \alpha_3 rgdp_{it} + \alpha_4 eu_{it} + \alpha_5 er_{it} + \lambda_i + \gamma_t + \varepsilon_{it}$ (5.11)

模型 4：$ub_{it} = \alpha_0 + \alpha_1 ai_{it-4} + \alpha_2 inv_{it} + \alpha_3 rgdp_{it} + \alpha_4 eu_{it} + \alpha_5 er_{it} + \lambda_i + \gamma_t + \varepsilon_{it}$ (5.12)

模型 5：$ub_{it} = \alpha_0 + \alpha_1 ai_{it-5} + \alpha_2 inv_{it} + \alpha_3 rgdp_{it} + \alpha_4 eu_{it} + \alpha_5 er_{it} + \lambda_i + \gamma_t + \varepsilon_{it}$ (5.13)

其中，$ub$ 和 $ai$ 变量与上文保持一致，$inv$ 表示农村农户固定资产投资总额，$rgdp$ 表示各地区实际 $GDP$ 大小，$eu$ 表示城镇地区的恩格尔系数，$er$ 则是农村地区的恩格尔系数。

在长期效应的计量分析中需要说明的是，滞后项选取的是滞后 1 期到滞后 5 期。之所以这样设计，是基于对我国城镇化发展政策效应的考量。一般而言，我国政府任期是 5 年，5 年内政府的施政理念是基本维持稳定状态的。因此，以滞后 5 期作为滞后项划分边界可以有效地降低政策因素对本计量结果的内生性影响。

在计量方法上，本节采用的是随机效应方法，这可能与前文内容中关于固定效应的 hausman 检验结果存在一定的不同，但在逻辑上是不冲突的：因为固定效应模型的应用前提是假定全部样本的作用效应大小基本相同，各独立研究的结果趋于一致，一致性检验差异不显著。简而化之，即样本是固定的，估计结果是不存在扩大效应的。然而，在长期效应的估计中，滞后效应存在着随机抽样问题①。从估计自由度角度看，因为固定效应模型需要估计面板中每个截面的参数，而随机效应模型不需要，所以随机效应比固定效应有更大的自由度，同时也解决了当设计矩阵不满秩时最小二乘估计无法计算的问题并提高了预测能力。

表 5.7 报告了农业产业结构调整对城镇化发展长期影响的实证分析结果。当主要解释变量为当期值时，系数为 0.0613，且显著性不强；当主要解释变量为滞后 1 期值时，系数为 0.0752，且在 10% 水平上显著；当主要解释变量为滞后 2 期值时，系数为 0.0932，且在 5% 水平上显著；当主要解释变量为滞后 3 期值时，系数为 0.0759，且在 10% 水平上显著；当主要解释变量为滞后 4 期值时，系数为 0.0786，且在 10% 水平上显著；当主要解释变量为滞后 5 期值时，系数为 0.1134，且在 5% 水平上显著。我们会发现，随着滞后期的增加，农业产业结构调整对城镇化发展的影响呈现出波动性提升趋势，而其显著性也在逐步提升。这表明，我国农业产业结构调整对城镇化发展的影响存在显著的长期效应。

## 5.4 本章小结

在对我国农业产业结构调整进行经验考察和制约因素分析的基础上，本章利用 2003—2013 年我国 30 个省级行政区域的面板数据，采用空间计量方法，建立空间误差和空间滞后模型，深入分析了城镇化发展及其六个子系统对我国农业产业结构调整的影响路径；同时，分别运用地区及时间固定效应计量模型和随机效应计量模型实证分析了农业产业结构调整对城镇化发展的短期影响和长期影响。研究结果表明：

第一，改革开放以来，我国农业产业结构不断趋向合理，但在自然、技术等内部因素和市场、体制、政策等外部因素的作用下，我国农业产业结构调整受到很大的限制。城镇化发展可以有效地突破这些限制，为农村产业结构调整提供契机。

第二，城镇化发展对农业产业结构调整呈现"倒 U 型"的影响。就区域效应而言，在东部地区，城镇化发展对农业产业结构调整的正向影响更为显

---

① 一方面，在数据中，西藏是没有列入样本的；另一方面，滞后期的确定也具有随机抽样性。

表 5.7　农业产业结构调整对城镇化发展长期影响的实证分析结果

| 被解释变量<br>计量模型 | 公式 (5.8) | 模型 1 | 模型 2 | 模型 3 | 模型 4 | 模型 5 |
|---|---|---|---|---|---|---|
| $as$ | 0.0613<br>(1.54) | | | | | |
| $L1.as$ | | 0.0752*<br>(1.87) | | | | |
| $L2.as$ | | | 0.0932**<br>(2.23) | | | |
| $L3.as$ | | | | 0.0759*<br>(1.75) | | |
| $L4.as$ | | | | | 0.0786*<br>(1.75) | |
| $L5.as$ | | | | | | 0.1134**<br>(2.39) |
| $inv$ | 0.0094***<br>(6.04) | 0.0093***<br>(5.91) | 0.0098***<br>(6.09) | 0.0100***<br>(5.93) | 0.0083***<br>(4.91) | 0.0064***<br>(3.63) |
| $rgdp$ | 0.0467***<br>(34.54) | 0.0462***<br>(32.62) | 0.0462***<br>(30.97) | 0.0462***<br>(29.54) | 0.0451***<br>(28.25) | 0.0443***<br>(25.92) |
| $eu$ | 0.0000<br>(0.03) | −0.0001<br>(−0.12) | 0.0001<br>(0.09) | −0.0005<br>(−0.57) | −0.0022**<br>(−2.27) | −0.0034***<br>(−3.36) |
| $er$ | −0.0025***<br>(−4.84) | −0.0023***<br>(−4.21) | −0.0019***<br>(−3.20) | −0.0012*<br>(−1.86) | −0.0006<br>(−0.94) | 0.0001<br>(0.14) |
| $\_cons$ | 0.2957***<br>(7.46) | 0.2866***<br>(6.95) | 0.2554***<br>(5.85) | 0.2581***<br>(5.96) | 0.3022***<br>(6.62) | 0.3122***<br>(6.29) |
| $N$ | 330 | 300 | 270 | 240 | 210 | 180 |
| $R^2$ | | | | | | |

注:"***""**""*"分别表示在 1%、5%、10% 的统计水平上显著,括号里面是 $t$ 值。

著；在中西部地区，城镇化发展对农业产业结构调整还存在一定的抑制作用。就结构效应而言，不同区域内城镇化发展六个子系统对农业产业结构调整的影响各有异同，而这些影响差异构成了城镇化发展对农业产业结构调整的区域影响效应。

第三，区域协调性检验结果显示，农业产业结构调整滞后于城镇化发展的省份主要集中在我国中西部地区，特别是西北、西南等一些经济欠发达地区。

第四，城镇化发展对农业产业结构调整的短期影响并不显著，但在供给与需求、生产要素和可持续发展等路径下，农业产业结构调整对城镇化发展产生了显著的长期影响效应。

第 6 章

# 城镇化发展与农业产业规模化、专业化发展相互关系的实证研究

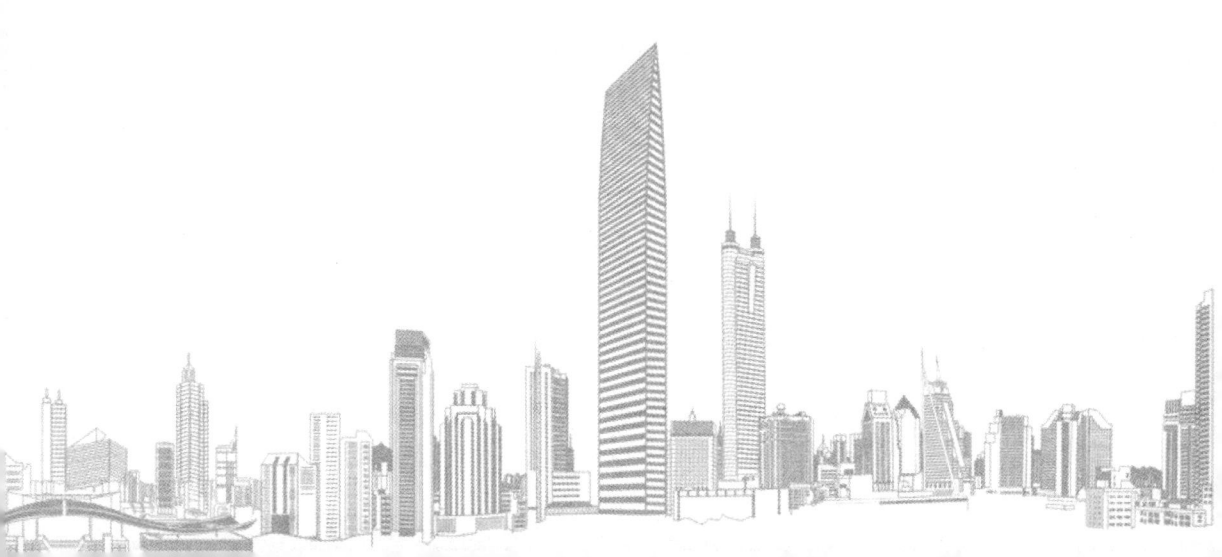

农业产业结构的调整，不仅仅表现为农业内部各产业间的比例变化，还表现为农业生产方式或农业发展水平结构的变化，即农业产业的规模化及专业化发展。在我国城乡融合进程中，探讨城镇化发展与农业产业的规模化及专业化之间的关系具有重要的理论和现实意义。本章在前文研究的基础上对我国农业产业规模化及专业化进行测度，并实证分析其与城镇化发展之间的关系。

## 6.1 我国农业产业规模化及专业化的测度及现状分析

### 6.1.1 我国农业产业规模化的测度及现状分析

农业产业的规模化经营是现代化农业生产的基本经营形式，也是现阶段解决"三农"问题的重要手段。农业产业的规模化经营是指在一定的区域范围内，以市场经济为导向，在政府的引导下，从事农业生产的企业和农户在农业经营中对所使用的全部人力、物力、资本、技术等生产要素进行合理配置，加强农业产业化经营，从而实现在特定领域的集聚效应，以达到提高农业经济效益的作用（范德成等，2011）。一般而言，某个省份的农业规模化经济程度越高，农业机械化水平越高，农村技术水平越高的地方农业产业规模化程度通常越好，而大部分农业属于传统的细碎化经营，实行发散式管理的省份则不会在农业产业规模化方面表现太好。目前国内尚无系统的对农业产业规模化经营定量研究的文献，王琴梅等（2014）提出了对农业现代化生产进行衡量的十个小指标，但是由于其和本书研究的农业规模化存在一定差异，不能完全照搬。

在对农业产业规模化的定义和内涵进行探析的基础上，本书设计了能够反映我国农业产业规模化的四个指标，分别是人均农业产值、人均机械总动力、地均农业产值和地均机械总动力。四个指标的取值越大，表明这个地区的农业产业规模化程度越高。

本章各项指标的详细解释如表 6.1 所示。各指标数据主要来源于历年《中国统计年鉴》《中国农村统计年鉴》《中国国土资源统计年鉴》和各省市的统计年鉴。由于各年鉴中或多或少存在着研究期限内指标口径调整的问题，本书通过仔细对比诸多年鉴中的数据，尽可能找到期限内口径保持一致的指标。各项指标的权重同样利用熵值法得出。

表 6.1　　　　　　　　农业产业规模化测度的指标体系

| 一级指标 | 二级指标 | 指标解释 | 权重 |
|---|---|---|---|
| 农业产业规模化程度 Sca | 人均农业产值 S1 | 农业产值/乡村从业人员数 | 0.1420 |
| | 人均机械总动力 S2 | 农用机械总动力/乡村从业人员数 | 0.2970 |
| | 地均农业产值 S3 | 农业产值/耕地面积 | 0.2320 |
| | 地均机械总动力 S4 | 农业机械总动力/耕地面积 | 0.3290 |

本章利用熵值法求权重的具体步骤如下：

（1）各二级指标的无量纲化处理

各个二级指标由于量纲不同，不适合直接采用熵值法进行处理。第一步需要进行无量纲化。无量纲化处理能够消除单位不同给各指标带来的不可公度性。因为本书的研究对象是 2003—2013 年我国大陆除西藏以外的所有省级行政区，数据类型属于面板数据，针对面板数据，如果逐年进行处理则必然会忽略时间变化特征，所以本书采取的无量纲化处理方法是将不同年份的指标取值纳入同一个框架内进行处理，处理公式为：

$$C_{ij} = \frac{A_{ij} - \min(A_{ij})}{\max(A_{ij}) - \min(A_{ij})} + 1 \tag{6.1}$$

指标中加上了"1"是为了方便下一步的取对数处理。$A_{ij}$ 为第 $i$ 个样本点第 $j$ 项指标的取值，其中 $i$ 的取值是 $i = 1, 2, \cdots, 330$（30 个省级行政区，11 年），$j$ 的取值是 $j = 1, 2, \cdots, 4$（一共 4 个二级指标）。

（2）各二级指标权重及测度结果

第一步，需要计算第 $j$ 项指标第 $i$ 个样本点指标值的比重，亦即其贡献度或者是出现的"概率"，记为：

$$q_{ij} = \frac{C_{ij}}{\sum_{i=1}^{m} C_{ij}} \quad (i = 1, 2, \cdots, m; j = 1, 2, \cdots, n) \tag{6.2}$$

第二步，求出所有样本点对二级指标的贡献总量，用 $e_j$ 来表示。

$$e_j = k \sum_{i=1}^{m} q_{ij} \ln q_{ij} \tag{6.3}$$

# 第6章 城镇化发展与农业产业规模化、专业化发展相互关系的实证研究

其中，$k = 1/\ln(m)$，$m$ 为所有样本点的个数，在文中为330个。

最后，计算各个二级指标权重如下：

$$w_j = \frac{1 - e_j}{\sum_{j=1}^{n}(1 - e_j)} \tag{6.4}$$

当 $e_i$ 趋于1时，表明某个指标下各个样本点的贡献一致，即可以不考虑该指标在测度中的作用，也就是说权重为零。经过计算，得出各指标的权重，如表6.1所示。在四个指标中，"地均机械总动力"所占权重最大，达到了 0.329，这也与现实相符合。经过表6.1的权重加权后，我国各地区历年的农业产业规模化的测度结果如表6.2所示。

表6.2 我国各地区2003—2013年农业产业规模化测度结果

| 年份 | 2003 | 2004 | 2005 | 2006 | 2007 | 2008 | 2009 | 2010 | 2011 | 2012 | 2013 |
|---|---|---|---|---|---|---|---|---|---|---|---|
| 北京 | 0.950 | 0.941 | 0.946 | 0.924 | 0.878 | 0.811 | 0.823 | 0.845 | 0.842 | 0.788 | 0.709 |
| 天津 | 1.551 | 1.563 | 1.598 | 1.573 | 1.578 | 1.560 | 1.543 | 1.562 | 1.559 | 1.530 | 1.508 |
| 河北 | 1.292 | 1.357 | 1.443 | 1.507 | 1.572 | 1.624 | 1.672 | 1.750 | 1.795 | 1.845 | 1.893 |
| 山西 | 0.751 | 0.848 | 0.895 | 0.919 | 0.942 | 0.966 | 1.049 | 1.091 | 1.147 | 1.200 | 1.251 |
| 内蒙古 | 0.895 | 0.961 | 1.028 | 1.099 | 1.188 | 1.498 | 1.526 | 1.599 | 1.672 | 1.726 | 1.821 |
| 辽宁 | 0.669 | 0.683 | 0.784 | 0.814 | 0.854 | 0.846 | 0.873 | 0.932 | 1.002 | 1.087 | 1.114 |
| 吉林 | 0.730 | 0.785 | 0.854 | 0.916 | 0.968 | 1.039 | 1.126 | 1.200 | 1.311 | 1.431 | 1.513 |
| 黑龙江 | 0.710 | 0.775 | 0.884 | 1.014 | 1.113 | 1.202 | 1.326 | 1.449 | 1.638 | 1.873 | 2.036 |
| 上海 | 0.407 | 0.407 | 0.393 | 0.425 | 0.452 | 0.486 | 0.519 | 0.569 | 0.591 | 0.624 | 0.653 |
| 江苏 | 0.644 | 0.676 | 0.696 | 0.735 | 0.770 | 0.835 | 0.886 | 0.941 | 1.013 | 1.074 | 1.123 |
| 浙江 | 0.714 | 0.717 | 0.748 | 0.819 | 0.833 | 0.852 | 0.873 | 0.912 | 0.938 | 0.959 | 0.967 |
| 安徽 | 0.627 | 0.678 | 0.701 | 0.745 | 0.802 | 0.855 | 0.903 | 0.967 | 1.018 | 1.071 | 1.106 |
| 福建 | 0.582 | 0.607 | 0.629 | 0.661 | 0.693 | 0.731 | 0.774 | 0.825 | 0.883 | 0.933 | 0.982 |
| 江西 | 0.433 | 0.522 | 0.613 | 0.726 | 0.839 | 0.971 | 1.089 | 1.215 | 1.336 | 1.453 | 0.732 |
| 山东 | 1.141 | 1.205 | 1.264 | 1.317 | 1.375 | 1.425 | 1.524 | 1.601 | 1.662 | 1.705 | 1.759 |
| 河南 | 0.793 | 0.879 | 0.931 | 0.979 | 1.032 | 1.118 | 1.170 | 1.245 | 1.282 | 1.340 | 1.372 |
| 湖北 | 0.479 | 0.518 | 0.576 | 0.625 | 0.691 | 0.762 | 0.820 | 0.925 | 0.996 | 1.056 | 1.112 |
| 湖南 | 0.572 | 0.640 | 0.696 | 0.746 | 0.816 | 0.897 | 0.967 | 1.065 | 1.145 | 1.213 | 1.260 |
| 广东 | 0.492 | 0.514 | 0.532 | 0.567 | 0.585 | 0.615 | 0.640 | 0.693 | 0.736 | 0.775 | 0.802 |
| 广西 | 0.416 | 0.453 | 0.481 | 0.512 | 0.558 | 0.620 | 0.654 | 0.714 | 0.794 | 0.836 | 0.887 |
| 海南 | 0.595 | 0.629 | 0.639 | 0.692 | 0.731 | 0.801 | 0.850 | 0.916 | 0.975 | 1.055 | 1.095 |

续表

| 年份 | 2003 | 2004 | 2005 | 2006 | 2007 | 2008 | 2009 | 2010 | 2011 | 2012 | 2013 |
|---|---|---|---|---|---|---|---|---|---|---|---|
| 重庆 | 0.319 | 0.332 | 0.355 | 0.367 | 0.395 | 0.423 | 0.459 | 0.517 | 0.571 | 0.599 | 0.622 |
| 四川 | 0.315 | 0.343 | 0.369 | 0.392 | 0.432 | 0.474 | 0.522 | 0.565 | 0.631 | 0.690 | 0.727 |
| 贵州 | 0.210 | 0.222 | 0.271 | 0.316 | 0.363 | 0.397 | 0.414 | 0.445 | 0.474 | 0.548 | 0.589 |
| 云南 | 0.359 | 0.378 | 0.391 | 0.414 | 0.437 | 0.475 | 0.506 | 0.557 | 0.615 | 0.690 | 0.744 |
| 陕西 | 0.420 | 0.446 | 0.484 | 0.511 | 0.559 | 0.610 | 0.649 | 0.737 | 0.828 | 0.915 | 0.958 |
| 甘肃 | 0.493 | 0.525 | 0.550 | 0.575 | 0.621 | 0.668 | 0.723 | 0.801 | 0.867 | 0.938 | 0.995 |
| 青海 | 0.697 | 0.726 | 0.744 | 0.766 | 0.804 | 0.829 | 0.897 | 0.992 | 1.007 | 1.032 | 0.994 |
| 宁夏 | 0.886 | 0.968 | 1.025 | 1.085 | 1.156 | 1.201 | 1.290 | 1.378 | 1.465 | 1.535 | 1.551 |
| 新疆 | 1.044 | 1.089 | 1.159 | 1.203 | 1.292 | 1.348 | 1.447 | 1.678 | 1.693 | 1.812 | 1.996 |

在现实中，农业产业规模化程度较高的地区往往机械化程度也较高，反映在数据上便是地均机械总动力较大的地区便有较高的农业产业规模化程度。从图6.1可知，2003—2013年全国各省份农业产业规模化的平均值处于逐步上升的趋势，且保持了较为平稳的增速，表明：就全国而言，我国在农业产业规模化发展的推进上是卓有成效的。而从代表性省份的农业产业规模化程度来看，分别来自东部、中部和西部地区的6个代表性省份历年的农业产业规模化程度都是逐年上升的，与整体趋势一致。其中，陕西、江苏、湖南等省份的农业产业规模化程度相对较高。

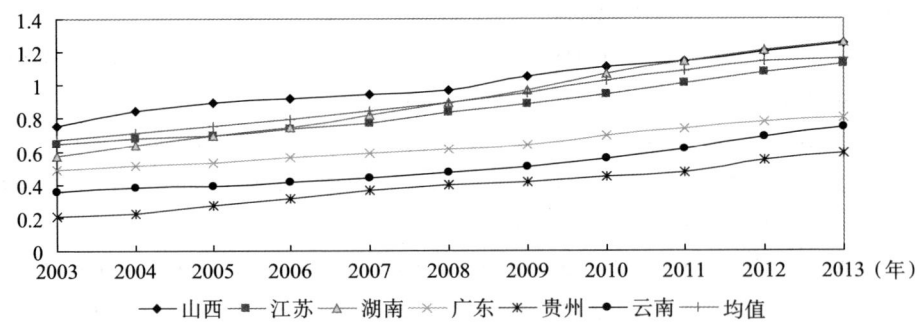

图6.1　2003—2013年全国平均及代表性省份农业产业规模化程度

将2003年、2008年和2013年我国30个省级行政区的农业产业规模化的四分位图进行横向对比。根据2003年数据可知，河北省在所有省份里农业产业规模化程度最高，内蒙古、新疆、山东和北京其次，而贵州、云南、广西、陕西等地的农业产业规模化程度较低。在2008年，河北、内蒙古、新疆和山东的农业产业规模化程度依然较高,而宁夏、黑龙江、陕西、河南和江西几个省区的农产业规模化程度提升较快,处于较高的第二分位区,贵州、云南、广西、陕西等地的农业产业规模化程度依然处于较低水平。根据2013年的测算结果,黑龙江、新疆、河北、内蒙古、山东、宁夏等省份的农业产业规模化程度排在全国前列,中部地区省份河南、湖北、湖南安徽以及江苏和辽宁等地的农业产业规模化程度提升较为明显,而贵州、重庆、上海、北京、四川、江西等省份的农业产业规模化程度依然排在全国的倒数几位。

总的来看,农业产业规模化程度在各个省份并没有体现出和一般意义上的经济发展水平相一致的排序,而是具有自身的特点。从测算结果来看,其他条件类似时,位于平原地区的省份一般比境内山区面积较大省份规模化程度高,如河北省的农业规模化程度高于山西省。传统农业大省的农业产业规模化程度要比非农业大省高,如黑龙江省的农业规模化程度高于辽宁省。这些表明农业产业的规模化在一定程度上受到地理特征和历史传统因素的影响。拥有大型的国家商品粮基地、国家农业示范区的省份则通常具有较高的农业产业规模化水平,如新疆由于生产建设兵团的存在以及三江平原、洞庭湖平原等粮食主产区所在的黑龙江省和湖南省等地的农业产业规模化水平比其他省区高。

## 6.1.2 我国农业产业专业化的测度及现状分析

农业专业化是指一个地区或者一个农业生产单位从经营多种农作物生产或加工转变为重点对某一种或者几种农作物进行专业化生产或者加工的过程。一般而言,具有鲜明的地理特征和气候特征的省区具有较高的农业产业专业化程度,日照、降水、温度和历史传统都会影响一个地区的农作物种植选择。此外,临近某种农产品的集中消费市场的区域也可能会在一种或几种农作物的产出上形成专业化。然而,对于大部分农作物都具有良好的生产环境的传统农业大省而言,是否具有较高的农业产业专业化程度还需要经过测算。农业产业的专业化生产是我国农业现代化进程加速和区域分工深化后的必然产物,我国幅员辽阔,地形差异和气候差异较大,这就使得各个地区可以借助自身区域条件、地理特征和历史传承等自身优势,在全球化和市场化的大背景下完善农业生产的空间布局,实现区域内农业产业的进一步专业化发展,改进生产效率并获得更高的生产回报。借鉴肖卫东(2013)的研究,本书选取粮食、棉花与麻类、油料、糖料、蔬菜、水果、烟叶和茶叶8种最主要的农作物作为研究对象,利用各地区历年8种农作物的播种面积来衡量各地区农业生产的专业化程度。数据来源为历年的《中国农村统计年鉴》。

各地区的农业专业化程度利用樊福卓(2007)构建的地区专业化指数来衡量。用公式表示如下:

$$SPE_i = \frac{1}{2}\sum_{j=1}^{8}\left|S_i^j - S^j\right| \tag{6.5}$$

$$S^j = \sum_{i=1}^{30}E_i^j \bigg/ \sum_{i=1}^{30}\sum_{j=1}^{8}E_i^j \tag{6.6}$$

$$S_i^j = E_i^j \bigg/ \sum_{j=1}^{8}E_i^j \tag{6.7}$$

其中,$SPE$ 为地区专业化指数,$i$ 代表我国30个省级行政区域的编号,$j$ 代表上述8种农作物的编号,$E_i^j$ 表示第 $i$ 个省级行政区第 $j$ 种农作物的播种面积。$S_i^j$ 表示某一年份 $i$ 地区第 $j$ 种农作物的播种面积占该地区所有农作物播种面积的比例。$S^j$ 则为某一年份全国范围内第 $j$ 种农作物播种面积占全国所有8种农作物播种面积的比值。利用上述公式,可以算出各年份各个地区的农业生产专业化发展程度,具体测算结果如表6.3所示。

和农业产业规模化程度不同,农业产业专业化程度的全国各省均值在2003—2013年变化不大,表现出较为稳定的特征,而来自东部、中部和西部的六个代表性省份的农业专业化程度有的表现出了较为稳定的特征,有的则在各年份呈现一定的波动性,但是总的来说变化不是太大。可能的原因是不像农业产业规模化程度那样,可以通过短时期的大规模推动农业机械化进程和建立大规模的农场形成规模经济从而提升当地的农业产业规模化程度,各个省份由于地理气候条件和居民需求等方面的限制,不可能为了人为提高农业产业专业化程度而放弃某几种经济作物的生产转而扩大另外几种经济作物的种植面积;对于居民日常所需的经济作物也不能完全放弃本地生产而完全由其他地区"进口"。农作物种植种类的调整需要一个较长的时间周期,在短时期内,比如10年,当地只能依照价格规律进行一些细微调整,因此反映在数据上就是各个地区考察期内的农业产业专业化程度变化不大。

根据2003年、2008年和2013年我国30个省级行政区的农业产业专业化程度的四分位图可以看出,新疆、福建、青海,以及京、津、沪地区的农业产业专业化程度较高,前三个地区的专业化程度较高可以从它们特殊的地理位置和气候条件来理解,比如新疆日照充分、土地肥沃,适合粮食、棉花、水果等农作物的生产，而福建的茶叶生产极具专业化特征。京、津、沪三地由于是我国的三大直辖市，所以主要是针对城市居民的蔬菜、水果等经济作物的生产较为专业化。四川、湖南、江西、河南、河北等地的农业产业专业化程度较低，原因是这些地区大部分属于农业大省的定位，加上各种农作物生产的条件均较为适中，因此并没有体现出在一种或者几种农作物上的特殊专业化属性。2008年，新疆、福建、黑龙江、广西、青海和海南等地的农业专业化程度较高，而四川、河北、湖南、河南、江西等地的农业专业化程度依然较低。根据2013年的测算结果，新疆、福建、黑龙江、海南、广西和上海等地的农业产业专业化发展程度处于全国前列，而江西、甘肃、四川、河北、山东和河南的农业产业专业化发展程度位于全国的倒数几位。

表6.3　我国各地区2003—2013年农业产业专业化测度结果

| 年份 | 2003 | 2004 | 2005 | 2006 | 2007 | 2008 | 2009 | 2010 | 2011 | 2012 | 2013 |
| --- | --- | --- | --- | --- | --- | --- | --- | --- | --- | --- | --- |
| 北京 | 0.382 | 0.335 | 0.270 | 0.219 | 0.233 | 0.194 | 0.185 | 0.180 | 0.189 | 0.196 | 0.233 |
| 天津 | 0.256 | 0.269 | 0.225 | 0.224 | 0.142 | 0.155 | 0.141 | 0.137 | 0.150 | 0.138 | 0.119 |
| 河北 | 0.079 | 0.085 | 0.078 | 0.080 | 0.080 | 0.082 | 0.077 | 0.076 | 0.076 | 0.073 | 0.067 |
| 山西 | 0.098 | 0.102 | 0.110 | 0.121 | 0.117 | 0.129 | 0.134 | 0.148 | 0.156 | 0.159 | 0.163 |
| 内蒙古 | 0.186 | 0.184 | 0.179 | 0.178 | 0.197 | 0.190 | 0.190 | 0.191 | 0.196 | 0.196 | 0.201 |
| 辽宁 | 0.071 | 0.097 | 0.107 | 0.135 | 0.128 | 0.117 | 0.094 | 0.079 | 0.073 | 0.072 | 0.076 |
| 吉林 | 0.197 | 0.224 | 0.210 | 0.210 | 0.211 | 0.224 | 0.217 | 0.208 | 0.225 | 0.225 | 0.234 |
| 黑龙江 | 0.219 | 0.237 | 0.229 | 0.232 | 0.263 | 0.269 | 0.284 | 0.290 | 0.293 | 0.297 | 0.301 |
| 上海 | 0.305 | 0.292 | 0.255 | 0.275 | 0.280 | 0.275 | 0.240 | 0.264 | 0.266 | 0.259 | 0.276 |
| 江苏 | 0.096 | 0.090 | 0.080 | 0.071 | 0.069 | 0.075 | 0.075 | 0.080 | 0.084 | 0.094 | 0.096 |
| 浙江 | 0.208 | 0.203 | 0.198 | 0.198 | 0.265 | 0.235 | 0.227 | 0.226 | 0.230 | 0.227 | 0.223 |
| 安徽 | 0.113 | 0.110 | 0.110 | 0.108 | 0.101 | 0.106 | 0.105 | 0.105 | 0.107 | 0.108 | 0.107 |
| 福建 | 0.261 | 0.264 | 0.275 | 0.282 | 0.320 | 0.320 | 0.316 | 0.314 | 0.314 | 0.318 | 0.319 |
| 江西 | 0.039 | 0.044 | 0.044 | 0.049 | 0.053 | 0.055 | 0.051 | 0.051 | 0.053 | 0.053 | 0.050 |
| 山东 | 0.114 | 0.128 | 0.099 | 0.089 | 0.084 | 0.087 | 0.087 | 0.084 | 0.079 | 0.074 | 0.073 |
| 河南 | 0.057 | 0.054 | 0.052 | 0.056 | 0.055 | 0.056 | 0.055 | 0.057 | 0.060 | 0.069 | 0.073 |
| 湖北 | 0.183 | 0.175 | 0.166 | 0.152 | 0.157 | 0.179 | 0.180 | 0.171 | 0.169 | 0.175 | 0.170 |
| 湖南 | 0.046 | 0.046 | 0.051 | 0.061 | 0.058 | 0.073 | 0.084 | 0.094 | 0.101 | 0.104 | 0.109 |

续表

| 年份 | 2003 | 2004 | 2005 | 2006 | 2007 | 2008 | 2009 | 2010 | 2011 | 2012 | 2013 |
|---|---|---|---|---|---|---|---|---|---|---|---|
| 广东 | 0.225 | 0.230 | 0.233 | 0.237 | 0.249 | 0.253 | 0.253 | 0.255 | 0.255 | 0.252 | 0.262 |
| 广西 | 0.206 | 0.213 | 0.223 | 0.242 | 0.279 | 0.286 | 0.277 | 0.278 | 0.280 | 0.282 | 0.283 |
| 海南 | 0.204 | 0.242 | 0.269 | 0.274 | 0.294 | 0.294 | 0.293 | 0.286 | 0.297 | 0.291 | 0.298 |
| 重庆 | 0.090 | 0.085 | 0.072 | 0.066 | 0.060 | 0.061 | 0.059 | 0.063 | 0.068 | 0.074 | 0.079 |
| 四川 | 0.064 | 0.066 | 0.059 | 0.053 | 0.056 | 0.056 | 0.057 | 0.058 | 0.060 | 0.062 | 0.062 |
| 贵州 | 0.103 | 0.097 | 0.087 | 0.088 | 0.090 | 0.090 | 0.097 | 0.104 | 0.115 | 0.131 | 0.141 |
| 云南 | 0.167 | 0.157 | 0.145 | 0.140 | 0.131 | 0.137 | 0.131 | 0.133 | 0.137 | 0.141 | 0.137 |
| 陕西 | 0.129 | 0.117 | 0.112 | 0.113 | 0.121 | 0.129 | 0.136 | 0.144 | 0.150 | 0.154 | 0.160 |
| 甘肃 | 0.087 | 0.076 | 0.068 | 0.066 | 0.063 | 0.063 | 0.063 | 0.063 | 0.064 | 0.060 | 0.057 |
| 青海 | 0.255 | 0.272 | 0.278 | 0.266 | 0.236 | 0.277 | 0.269 | 0.271 | 0.256 | 0.246 | 0.237 |
| 宁夏 | 0.147 | 0.153 | 0.137 | 0.131 | 0.143 | 0.111 | 0.098 | 0.090 | 0.098 | 0.094 | 0.092 |
| 新疆 | 0.349 | 0.359 | 0.375 | 0.395 | 0.476 | 0.432 | 0.367 | 0.380 | 0.393 | 0.400 | 0.386 |

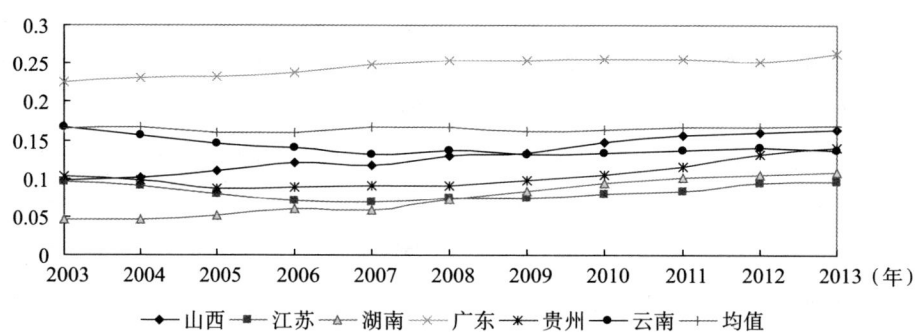

图 6.2 2003—2013 年全国平均及代表性省份农业产业专业化程度

地区专业化指数反映的是一个地区是否在某一种或者几种农作物的生产上更为突出,并没有衡量各种农作物播种面积的绝对大小,这一性质决定了某些农业生产条件突出的农业大省地区专业化指数并不高,如河南省,由于农业生产条件较为优越,农业生产的多样性特点较为明显,在各项农作物播种面积上没有特别突出的种类。反而是某些沿海城市和直辖市在某些农作物的生产上发挥了相对优势,表现出来就是专业化指数较高,如上海市和福建省分别在蔬菜与水果和茶叶与水果两项农作物的播种面积上较为突出,表现出较高的农业专业化程度。从图 6.2 可知,整体而言,全国各省级行政区域的农业产业专业化程度均值在各年度之间变化不大,这表明在现阶段,我国省级层面的农业专业化生产尚未成为显著特征,有待各区域利用自身比较优势,加强农业产业专业化发展。

### 6.1.3 我国农业产业规模化与农业专业化的现状比较分析

从我国农业产业规模化和专业化的测度结果可以发现(见图 6.3),2003—2013 年,我国农业产业规模化程度整体呈现逐年上升的趋势,在过去的 11 年时间里,农业产业规模化程度从 2003 年的 0.67 增加到了 2013 年的 1.16,年均增加 4.5%,而且全国整体处于中等偏上水平,这说明近年来我国农业产业规模化的发展取得了较好成效。就农业产业专业化程度而言,变化却较为不明显,2003—2013 年整体变化较小,一直处于较为平稳的状态,而且全国整体处于较低水平,说明近年来,我国农业产业专业化发展缓慢。

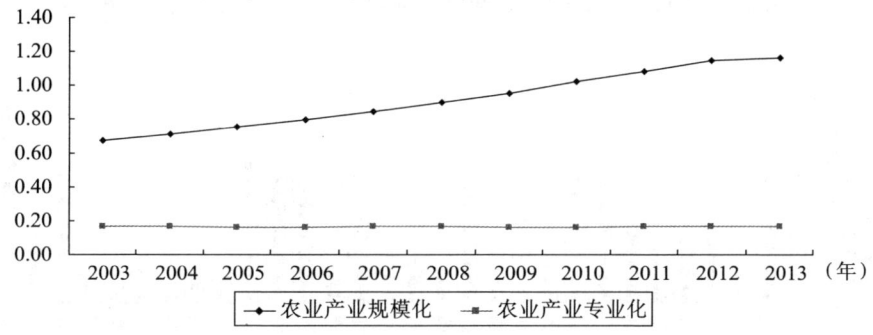

**图 6.3　2003—2013 年我国农业产业规模化和专业化变化情况**

近年来,我国农业产业规模化和专业化程度的区域差异较为明显。对于农业产业规模化而言,如图 6.4 所示,除了北京和天津外,其余省市的农业产业规模化水平整体呈现逐步上升的趋势。其中,2003 年,天津、河北和山东最高,分别为 1.55、1.29 和 1.14,北京、山西、内蒙古、浙江、河南、青海和宁夏处于居中的位置,农业产业规模化程度最低的为贵州、四川、重庆、云南等省市,总体在 0.35 以下。到了 2013 年,河北、内蒙古、黑龙江和新疆处于较高的水平,农业产业规模化程度均处于 1.8 以上,天津、山西、吉林、河南、宁夏等省市处于中等水平,上海、重庆、四川和贵州处于最低的水平。这说明,农业产业规模化水平无明显的区域分布规律,但可以看出,农业产业的规模化在一定程度上受到地理特征和历史传统因素的影响,传统农业大省的农业产业规模化程度要比非农业大省高。对于农业产业专业化而言，如图6.5所示，各省市变化趋势差异明显，2003—2013年，河北、山西、内蒙古、黑龙江、宁夏和新疆变化幅度较大，北京、天津、上海、重庆和整体变化幅度较小，其中北京、天津农业产业专业化程度不断降低。

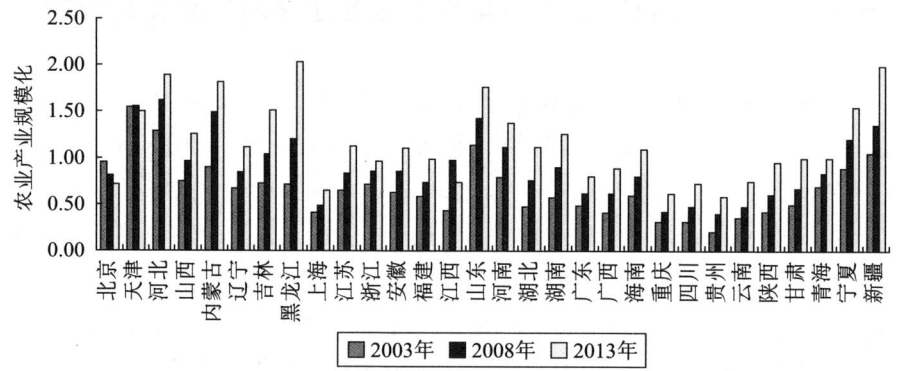

图6.4　2003年、2008年、2013年我国农业产业规模化变化趋势

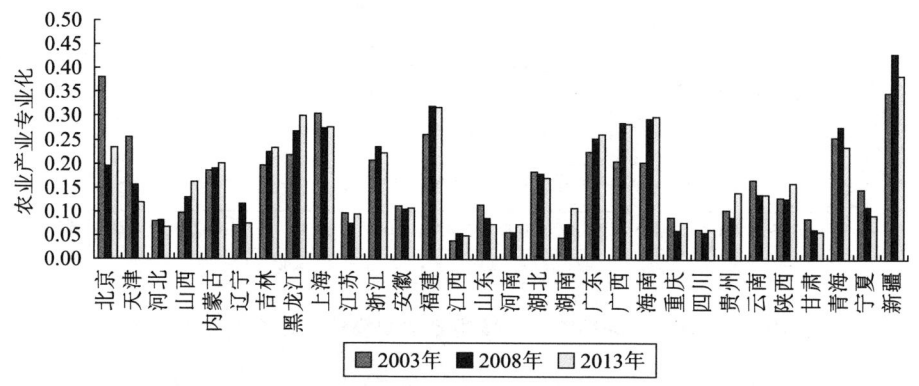

图6.5　2003年、2008年、2013年我国农业产业专业化变化趋势

## 6.2　城镇化发展与农业产业规模化及专业化互动关系的实证研究

农业产业的规模化和专业化经营是农业产业现代化的两个重要方面，农业现代化是我国农业发展的基本方向，也是农村繁荣和农民收入提升的有力保证。城镇化发展和农业产业现代化发展之间的关系早就被我国众多的学者

所注意。柯福艳（2011）认为，城镇化和农业现代化相互影响、互为依托，农业剩余为城镇化发展提供农产品以及剩余劳动力，城镇化则是作为农业剩余劳动力的蓄水池，实现二者的同步推进是城乡统筹发展的重要手段，也是社会生产力发展到一定阶段的必然产物。曹俊杰等（2014）在分析我国城镇化与农业现代化的互动关系以及二者之间协调发展面临的主要困境的基础上，提出了协调城镇化发展与农业现代化发展的若干政策建议。在定性分析我国城镇化与农业现代化的协调发展问题上，诸多学者也做出了自己的贡献。苏发金（2012）运用时间序列 VAR 模型，对我国工业化、城镇化与农业现代化发展之间的关系进行了实证检验，认为城镇化对农业现代化在短期内有负面影响，在长期内则对其有促进作用。夏春萍等（2012）同样运用 VAR 方法，得出的结论为城镇化发展对农业现代化有明显的正向带动作用，反之亦然。毛智勇等（2013）通过采用得分比较方法，对我国"三化"的协调度进行了国际比较，并定量分析了我国六个省域的工业化、城镇化和农业现代化协调发展的现状。夏显力等（2013）等利用协整和误差修正模型分析了 1991—2010 年陕西省工业化、城镇化与农业现代化之间的动态关系，结果表明城镇化对农业现代化发展影响显著，而短期内农业现代化水平的提升会不利于城镇化的提高。此外，张勇民等（2014）利用 DEA 方法，对我国民族地区的城镇化发展与农业现代化之间的协调发展程度进行了实证检验，而韩国明等（2015）则运用耦合协调度模型，对我国 31 个省域 2005—2012 年的农业现代化与城镇化发展的协调度进行了测量，并分析了其空间演变趋势。借鉴上述研究，本节深入分析我国城镇化发展与农业现代化的两个方面——农业产业规模化和农业产业专业化之间的相关关系，从而为进行定量分析打下理论基础。

### 6.2.1　计量模型构建

为讨论城镇化发展与农业产业规模化及专业化之间的动态关系，本章采用面板 VAR 方法来实现所需结果。VAR 模型可以将各变量作为一个系统来估计变量之间的联合动态关系，面板 VAR 则是将这一方法应用到了面板数据的范畴（Love & Zicchino，2006）。这一方法可以很好地分析研究城镇化发展与农业产业规模化和专业化之间动态关系，是本书可以选取的理想模型。

假设有三个时间序列变量 $\{y_{1t}, y_{2t}, y_{3t}\}$，将这三个变量放在一起，作为一个统一的系统来预测三者之间的相关关系,三个变量作为三个回归方程的被解释变量,而解释变量是这三个变量的 $p$ 阶滞后值($p$ 的大小根据三种信息准则确定),便构成了一个三元的 VAR($p$)系统:

$$\begin{cases} y_{1t} = \beta_{10} + \beta_{11}y_{1,t-1} + \cdots + \beta_{1p}y_{1,t-p} + \gamma_{11}y_{2,t-1} + \cdots + \gamma_{1p}y_{2,t-p} + \delta_{11}y_{2,t-1} \\ \quad\quad + \cdots + \delta_{1p}y_{2,t-p} + \varepsilon_{1t} \\ y_{2t} = \beta_{20} + \beta_{21}y_{1,t-1} + \cdots + \beta_{2p}y_{1,t-p} + \gamma_{21}y_{2,t-1} + \cdots + \gamma_{2p}y_{2,t-p} + \delta_{21}y_{2,t-1} \\ \quad\quad + \cdots + \delta_{2p}y_{2,t-p} + \varepsilon_{2t} \\ y_{3t} = \beta_{30} + \beta_{31}y_{1,t-1} + \cdots + \beta_{3p}y_{1,t-p} + \gamma_{31}y_{2,t-1} + \cdots + \gamma_{3p}y_{2,t-p} + \delta_{31}y_{2,t-1} \\ \quad\quad + \cdots + \delta_{3p}y_{2,t-p} + \varepsilon_{3t} \end{cases}$$

其中,三个方程的扰动项均为白噪声过程(即不存在自相关性),但是各扰动项之间允许存在同期相关性,将本书要研究的城镇化发展、农业产业规模化和农业产业专业化三个变量当成是三个时间序列变量 $\{y_{1t}, y_{2t}, y_{3t}\}$,可以得到所需要的模型,用矩阵表示的模型如下:

$$A_0 Y_{i,t} = f_i + \gamma_{i,t} + \sum_{j=1}^{q} A_j Y_{i,t-j} + u_{i,t} \tag{6.8}$$

其中,$Y_{i,t} = (Urb'_{i,t}, Sca'_{i,t}, Spe'_{i,t})'$;$j$ 为滞后的阶数;$f_i$ 为地区固定效应;$\gamma_{i,t}$ 用来体现相同时间点不同截面上可能受到的共同冲击;$u_{i,t}$ 为随机扰动项,对于随机扰动项,这里仍然假设允许同期相关性的存在。由于模型中存在固定效应,而 VAR 结构中解释变量(亦即被解释变量的滞后变量)与被解释变量明显存在相关性,古典线性回归模型中的严格外生性假定便不再成立,因此用来处理固定效应的传统组内均值差分方法变得不可行,在这种情况下,可采用"向前均值差分"的方法(也被称作 Helmert 转换)消除每个个体未来观察值的均值,确保解释变量与模型误差项不存在相关性,保障回归结果有效。同时,在估计过程中,面板 VAR 方法利用滞后变量作为工具变量,进行系统 GMM 估计,从而消除解释变量内生带来的内生性问题,使结果更有效率。在此模型中,我国历年各省区农业产业规模化和农业产业专业化的相关数据来自于本章 6.1 小节的测算,各省区城镇化发展的数据则是来自第 3 章的测算。

### 6.2.2 数据平稳性检验与模型结果分析

在对上述模型进行分析之前,需要对数据的平稳性进行检验以避免伪回归的问题。根据样本数据的特点,利用两种常见的面板数据单位根检验方法

## 第6章 城镇化发展与农业产业规模化、专业化发展相互关系的实证研究

对数据的平稳性进行检验，一种是Levin–Lin–Chu检验，另一种是费雪式检验。面板数据的单位根检验结果如表6.4所示，两种检验的原假设均为所有变量均存在单位根过程（即数据是非平稳的）。

表6.4　面板数据单位根检验

| 检验方法 | statistic | Urb | Sca | Spe |
| --- | --- | --- | --- | --- |
| LLC test | Adjusted t statistic | -5.5043*** | -3.2155*** | -8.9614*** |
| Fisher test | Inverse chi2 | 304.5178*** | 369.0362*** | 554.8524*** |
|  | Inverse normal | -1.1843 | -4.7500*** | -11.4922*** |
|  | Inverse logit t | -8.4233*** | -15.0850*** | -25.6346*** |
|  | Modified inv. Chi2 | 22.3213*** | 28.2110*** | 45.1736*** |

注："***"表示在1%的显著性水平下通过检验。

两种检验的五种统计量基本上都能通过检验，拒绝变量存在单位根过程，表明城镇化发展指数、农业产业规模化发展指数和农业产业专业化指数三个变量数据是平稳的，可以进行下一步分析。

进行面板VAR回归，需要确定最佳的滞后阶数。最佳滞后阶数的确定，通常利用AIC、BIC和HQIC三种准则，选择AIC、BIC和HQIC值最小的模型。相关检验结果如表6.5所示。根据AIC标准，最优阶数为滞后5阶，而根据BIC和HQIC标准，最优滞后阶数为2阶，一般来说，BIC和HQIC标准更倾向于精简的模型，通常要优于AIC标准，因此综合上述结果，在本书中，面板VAR模型选择2阶滞后是最优选择。

表6.5　面板VAR模型滞后阶数检验结果

| Lag | AIC | BIC | HQIC |
| --- | --- | --- | --- |
| 1 | -11.2633 | -9.94388 | -10.7335 |
| 2 | -14.6503 | -13.084* | -14.0192* |
| 3 | -14.5119 | -12.6471 | -13.758 |
| 4 | -14.9061 | -12.671 | -13.9999 |
| 5 | -15.0445* | -12.3349 | -13.9437 |

注："*"分别表示在1%、5%和10%水平上显著。

利用系统GMM估计方法，得到城镇化发展、农业产业规模化和农业产业专业化三者之间的PVAR模型估计结果，如表6.6所示。对于城镇化发展的方程而言，滞后一期的城镇化发展水平和农业产业规模化水平的估计系数显

著为正,表明农业产业规模化能够对城镇化发展具有一定的促进作用。滞后两期的农业产业规模化指数则对城镇化发展水平呈现出显著负相关,其系数的绝对值低于滞后一期的系数。可能的原因是农村产业的规模化发展分享了部分城镇化发展的资源,对前向的城镇化发展有一定的制约作用,但是总的来说效应为正,即农业产业规模化发展促进了城镇化发展的进程。从农业产业规模化方程来看,同样可以发现滞后一期的城镇化发展水平和农业产业规模化水平的估计系数显著为正,表明城镇化发展对农业产业规模化的发展也具有一定的推动作用。农业产业专业化方程的结果则表明,城镇化发展和农业产业规模化对农业产业专业化在研究期限内不具有显著的相关性,这一结果也说明城镇化发展和农业产业规模化的发展并没有引起各个省级行政区域农作物种植种类选择的变化,由此带来的区域内农村土地要素、劳动力要素和技术要素变化等并没有达到足够使各个省级行政区需要用改变农作物种植种类来调整的程度,农业产业专业化方向依然沿着各个区域历史传统的路径发展。

表 6.6    模型估计结果

|         | h_Urb       |          | h_Sca        |          | h_Spe       |          |
|---------|-------------|----------|--------------|----------|-------------|----------|
| L1. h_urb | 0.6284 *** | (0.1034) | 0.4771 **    | (0.1947) | 0.0088      | (0.1454) |
| L1. h_sca | 0.2037 *** | (0.0599) | 1.3174 ***   | (0.1919) | 0.0189      | (0.0682) |
| L1. h_spe | 0.2363     | (0.2066) | 0.3948       | (0.4846) | 0.7472 ***  | (0.1912) |
| L2. h_urb | 0.0718     | (0.0791) | -0.4636 ***  | (0.1619) | 0.0331      | (0.1146) |
| L2. h_sca | -0.1316 *** | (0.0494) | -0.4053 *** | (0.1531) | -0.0299     | (0.0471) |
| L2. h_spe | -0.1114    | (0.0913) | 0.0268       | (0.2901) | -0.0164     | (0.0954) |

注:括号内为标准差,"*""**""***"分别表示在10%、5%和1%的显著性水平上显著。h_表示变量经过了 Helmert 转换。

### 6.2.3 脉冲响应分析与方差分解分析

通过脉冲响应函数能够分析随机扰动项一个标准差的冲击对 VAR 系统中各变量当前和未来一定时期内的影响,可以很好地反映变量之间的动态关系。本书建立相关脉冲相应函数,利用 Monte Carlo 方法模拟结果 1 000 次,将每个变量的冲击对其他变量未来 0—10 期的变化情况反映在图 6.6 中。图 6.6 横轴表示响应期数,纵轴表示响应程度,上下线表示 95% 的置信区间。

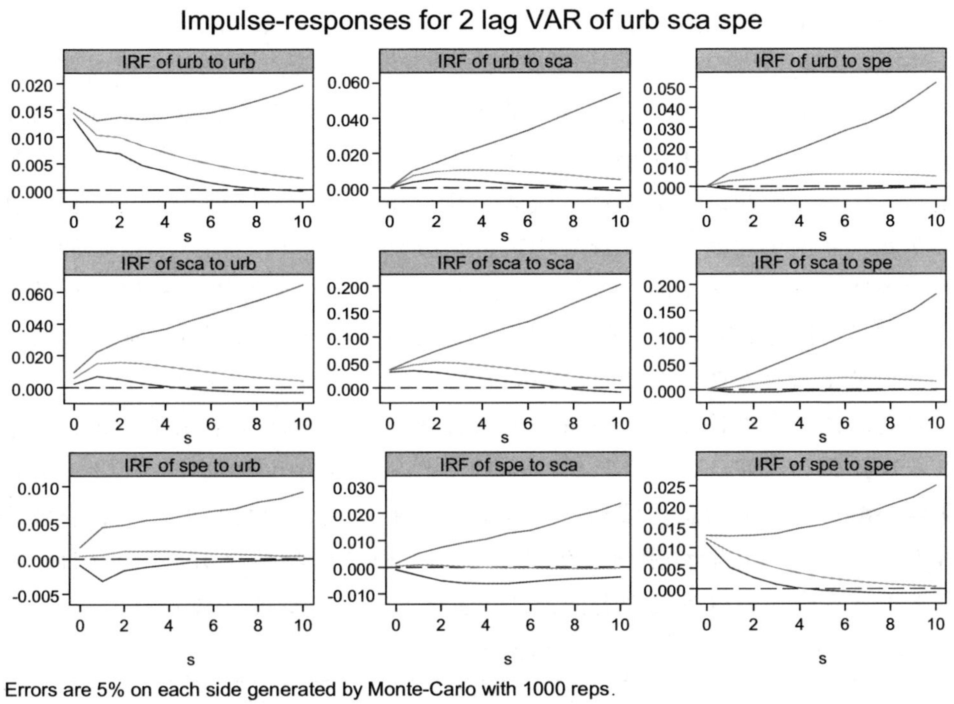
Impulse-responses for 2 lag VAR of urb sca spe
IRF of urb to urb
IRF of urb to sca
IRF of urb to spe
IRF of sca to urb
IRF of sca to sca
IRF of sca to spe
IRF of spe to urb
IRF of spe to sca
IRF of spe to spe
s
Errors are 5% on each side generated by Monte-Carlo with 1000 reps.

**图 6.6　脉冲响应冲击关系图**

观察图 6.6 第一行右边两个图可知，城镇化发展对农业产业规模化变动一个标准差的冲击反应在第二期左右达到峰值，符号为正，在长期内趋近于零，表明农业产业的规模化发展对城镇化发展能够带来一定的促进作用。比较而言，城镇化发展对农业产业专业化变动一个标准差的冲击反应在各期都保持了较低的水平，这也从另一个角度反映出后者对前者不具有促进的作用。在图 6.6 中，向右下方倾斜的对角线上的三个图表示的是变量本身一个标准差的变化对自身的冲击作用。对比观察三个图可知，三个变量对其自身冲击的响应均是逐渐减少并最终趋于零，具体而言，城镇化发展和农业产业规模化两个变量在前两期均保持了较高的响应，尤其是后者在第二期甚至达到了峰值，两期之后，响应大小开始迅速降低，直至消失。其他方面，第二行第一个图反映的是农业产业规模化对城镇化发展变动一个标准差的响应情况，同样可以发现，在第二期作用，响应达到峰值，并在长期趋于零，表明城镇化发展对农业产业规模化有较为明显的正面影响。农业产业的专业化和城镇化发展与农业产业规模化二者的关系不太明显，反映在图中就是后二者冲击引起前者不大的响应，这也进一步验证了上文中提到的观点。

通过对预测误差进行方差分解，可以得到所有变量的正交化冲击对其中一个变量预测均方误差的贡献程度，从而可以深入考察各变量的影响相互影响程度。表 6.7 为对城镇化发展和农业产业规模化两个变量的预测误差方差分解的结果，分别列出了第 1、5、10、15 和 20 期的结果。由结果可知，城镇化发展程度预测误差的波动主要来自其本身和农业产业规模化变量，在第 5 期，城镇化发展来自本身的冲击占总波动的 55.2%，而来自农业产业规模化的冲击则占总波动的 37.2%，来自农业产业专业化的冲击仅占总波动 7%，甚至可以忽略。到了第 10 期，来自自身的影响有所下降，而来自农业产业规模化和农业产业专业化的影响有所增加，分别达到 44.2% 和 16%，随着时间的进一步推移，来自自身的冲击大致稳定在 36.7% 的水平，来自农业产业规模化和农业产业专业化的冲击则稳定在 43.4% 和 19.8% 的水平。总体来看，城镇化发展的总体波动主要受农业产业规模化和自身的影响，农业产业专业化虽然也能对城镇化发展造成影响，但是影响程度有限。比较而言，农业产业规模化程度预测误差的波动则主要来自于自身的扰动冲击。

表 6.7　　　　　　　　　　方差分解分析

| 期数（年） | urb 的方差分解 | | | sca 的方差分解 | | |
|---|---|---|---|---|---|---|
| | urb | sca | spe | urb | sca | spe |
| 1 | 1.000 | 0.000 | 0.000 | 0.029 | 0.971 | 0.000 |
| 5 | 0.552 | 0.372 | 0.077 | 0.077 | 0.852 | 0.071 |
| 10 | 0.398 | 0.442 | 0.160 | 0.067 | 0.773 | 0.160 |
| 15 | 0.371 | 0.437 | 0.192 | 0.065 | 0.747 | 0.188 |
| 20 | 0.367 | 0.434 | 0.198 | 0.065 | 0.744 | 0.192 |

### 6.2.4　面板格兰杰因果检验

为了进一步揭示面板 VAR 系统中各个变量是否存在因果关系，可以在面板 VAR 框架下对各个面板进行格兰杰因果检验。表 6.8 是检验的结果。对于城镇化发展变量，农业产业规模化是其格兰杰原因，P 值小数点后三位都是零，表示农业产业规模化发展显著促进了城镇化发展进程，农业产业专业化则不是城镇化发展的格兰杰原因。对于农业产业规模化变量，城镇化发展变量是其格兰杰原因，P 值通过了 1% 的统计检验，表示城镇化发展也显著推动了农业产业规模化的发展，农业产业专业化程度也不是规模化的格兰杰原因。由于农业产业规模化和城镇化发展均不是农业产业专业化的格兰杰原因，二者不存在显著的因果关系,故没有在表 6.8 中列出。面板 Granger 因果检验也进一步证实了前文的观点,城镇化发展与农业产业规模化之间相互影响,相互推动对方发展。农业产业专业化遵循着自身的发展轨迹,在现阶段与农业产业规模化发展和城镇化发展没有体现出相互促进的关系。

表 6.8　　　　　　　　面板 Granger 检验结果

| 检验变量 | 原假设 | $\chi^2$ 值 | 自由度 | P 值 |
| --- | --- | --- | --- | --- |
| h_urb | sca 不是 urb 的格兰杰因 | 16.030 | 2 | 0.000 |
|  | scp 不是 urb 的格兰杰因 | 1.651 | 2 | 0.438 |
|  | 所有变量都不是 urb 的格兰杰因 | 17.6 | 4 | 0.001 |
| h_sca | urb 不是 sca 的格兰杰因 | 8.257 | 2 | 0.016 |
|  | scp 不是 sca 的格兰杰因 | 2.312 | 2 | 0.315 |
|  | 所有变量都不是 sca 的格兰杰因 | 8.555 | 4 | 0.073 |

## 6.3　本章小结

本章分别利用基于熵值法的指标体系以及地区专业化指数对我国农业产业的规模化和专业化进行测度评价和现状分析。同时,本章运用面板 VAR 方法实证分析了城镇化发展与农业产业规模化及专业化之间的相互关系,并进行了脉冲响应分析、方差分解分析和格兰杰因果检验。

研究结果表明:

第一,传统农业大省的农业产业规模化程度比非农业大省的要高,表明农业产业的规模化在一定程度上受到地理特征和历史传统因素的影响。我国省级层面的农业专业化生产尚未成为显著特征,有待各区域利用自身比较优势,加强农业产业专业化发展。

第二,我国城镇化发展与农业产业规模化两个变量之间相互影响,并互为格兰杰原因,即二者之间相互促进对方发展。城镇化发展与农业产业规模化两个变量均与农业产业专业化不存在显著的相互影响关系。由于受到自然条件、区位特点和历史特征的影响,农业产业专业化沿着固有的轨迹发展,城镇化发展和农业产业规模化的发展并没有引起各个省级行政区域农作物种植种类选择大规模的变化,没有引起农业产业专业化程度的改变。

第 7 章

# 新型城镇化条件下促进我国农村产业结构调整的政策建议

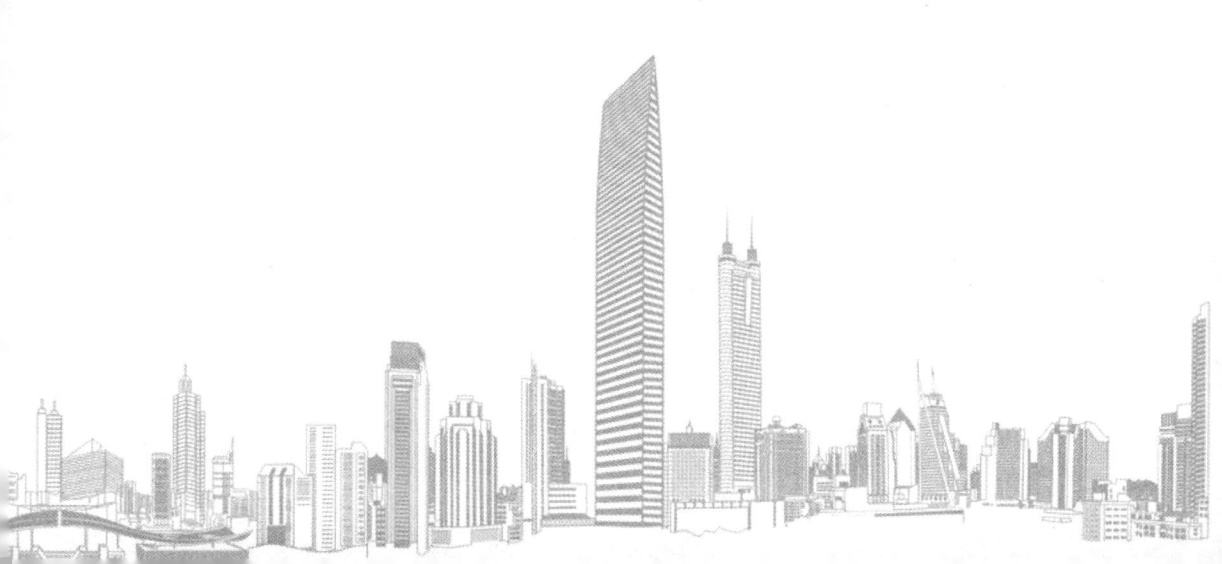

# 第7章 新型城镇化条件下促进我国农村产业结构调整的政策建议

我国的城镇化发展经历了传统城镇化和新型城镇化两个阶段，传统城镇化往往是以农村的衰落为代价的，新型城镇化则更多地注重在城乡一体化发展中去推进城镇规模的扩大、结构的优化和质量的提升。在当前我国政府大力推动新型城镇化建设的大背景下，本书结合前面的相关研究结论，针对现实中的具体问题，提出了新型城镇化条件下促进我国农村产业结构调整的政策建议。

## 7.1 我国城镇化发展与农村产业结构调整关系存在的主要问题

为提出的政策建议更具针对性，还需要对当前我国城镇化发展与农村产业结构调整之间存在的主要问题进行一些考察和归纳。

### 7.1.1 城镇化发展对农村产业结构调整的负向冲击

（1）城镇化发展引致的劳动力转移对农村产业结构调整的负向冲击

目前，我国耕地面积列世界第2位，人均耕地面积却排在世界第67位，可见我国农村经济区域的劳动力剩余形势之严峻。农村剩余劳动力从传统农业中转移出来，本可以为我国农村产业结构调整带来机遇，但在个别地区盲目的城镇化推动战略使得农村剩余劳动力大量涌向城镇经济区域。这在人力资源和人力资本两个层面阻碍了我国农村产业结构的转型升级。在人力资源方面，农业劳动力的流失使得农村经济区域中新兴产业的发展面临着劳动力匮乏的窘境。在人力资本方面，农村剩余劳动力转移使得人力资本就较低的农村产业发展面临着更加严峻的人才困境，人力资本的降低使得农村产业结构调整缺乏动力机制。同时，农村剩余劳动力的外流使得农村区域出现诸如"空心村"等现象，使得我国农业产业的发展和结构优化缺乏动力依托，农业的封闭性和自给自足性也在不断强化，农业产业的规模化和专业化也严重迟滞了。

(2) 城镇化发展引致的要素和政策"挤压"对农村产业结构调整的负向冲击

城镇化发展的主要目的在于积极推动城乡融合，加速城乡经济的共同发展。然而，目前在政绩考核机制的作用下，我国部分地方政府片面强调城镇化进程的推进却忽视了农村经济的协同发展，这不仅拉大了城乡间的经济差距，还在要素和政策两方面"挤压"了农村产业结构调整的优势。在要素方面，部分地方政府为加速城镇化发展，积极推动人口、土地等要素向城镇经济区域集聚，使得农村经济区域出现要素短缺的现象，进而不利于推动农村产业结构调整。在政策方面，部分地方政府对城镇区域给予了更多的政策倾斜，使得本已发展相对较为薄弱的农村经济区域更加缺乏优势，农村产业结构的调整受到了更大的限制。特别是，目前城乡规划中较为偏激的土地城镇化策略，使得高度依赖于土地的农村经济受到了更大的挑战。

### 7.1.2 农村产业结构调整缺乏城乡一体化视野

本书第 5 章实证检验了各省域城镇化发展与农业产业结构调整的区域协调性，研究结果表明：在我国的中西部地区，特别是西北、西南的一些省份，农业产业结构调整显著滞后于城镇化发展。此外，目前我国农村产业结构调整的战略规划较多局限于"三农"政策思维，缺乏城乡一体化的视野。

其一，农村产业结构调整重视资金要素投入，忽视城乡劳动要素整合。一方面，我国地方政府更加倾向于通过财政资金的扶持调节生产要素在农村经济区域内部各产业结构间的调整，以此手段改变农村的各产业比重，进而推动农村产业结构调整。在这一过程中，政府往往会局限于"三农"思维的财政政策，忽视城镇经济对农村生产要素的影响，进而忽视了其对农村经济结构的影响。另一方面，在投资驱动政策理念的影响下，地方政府的思维倾向于通过政策手段引导资本要素向农村新兴产业流动，进而改变农村产业结构。这种过度强调资本的政策路径往往会忽视城镇化对农村劳动力要素的作用，不利于城乡间的要素整合，迟滞了农村产业结构的调整。

其二，农村产业结构调整战略的实施缺乏城乡一体化视野。"十一五"规划提出，增加农民收入，加大农业和农村投入，深化农村改革，发展现代农业，进而推动农村产业结构调整。"十二五"规划提出，完善现代农业产业体系，加快农业科技创新，推进农业结构战略性调整。"十三五"规划提出，应加快推进农业结构调整，推进农村第一、二、三产业融合发展，促进农业可持续发展。一直以来，农村产业结构调整战略的实施多着眼于农业内部因素的发力，却忽视了城乡一体化为农村产业结构调整带来的机遇。

## 7.2 新型城镇化条件下农村三次产业结构调整的优化策略

前文的研究结果表明，农村剩余劳动力转移、规模效应和外部性效应是城镇化发展与农村三次产业结构调整形成互动影响机制的主要理论路径。在新型城镇化条件下，农村剩余劳动力转移的理论机制要求优化城乡间的要素流动机制，正外部性效应的理论机制要求确保农业的可持续发展，规模效应的理论机制要求实现农村三次产业在城乡区域间的合理布局。

### 7.2.1 利用城乡经济要素流动效应，加速农村三次产业结构调整

产业发展的本质是对劳动、土地、资本、信息等资源要素的重新配置，而城镇化发展的推动进程可以有效地带动城乡经济区域及农村经济区域内部的资源要素配置。根据空间经济学的理论，无论是要素能够在一定空间内自由流动，还是要素不能够在空间内自由流动，区域间产业都可以得到发展（吴福象和沈浩平，2013）。

在要素能够在区域自由流动的情况下，城镇化发展会在农村经济区域内部形成需求关联的和成本关联的循环因果累计效应，要素在收益率的驱使下在农村三次产业结构间形成流动机制。这要求地方政府根据其自身农村三次产业发展状况，利用城镇化发展契机，通过财政政策对农村"弱势"产业进行财政补助和政策支持，进而推动我国农村三次产业结构的高级化。

在要素不能够在区域自由流动的情况下，会产生地方溢出效应来促进产业结构的优化和发展，特别是城镇经济对农村经济发展的正外溢性。在推进城镇化发展的进程中，农村剩余劳动力人力资本水平的提升是强化技术外溢和要素集聚经济效应的关键所在，直接关系到产业结构调整的效率。因此，在城镇化推进过程中应当本着人本主义原则，加强农村剩余劳动力的知识培

训和科教普及，提升劳动力生产技能，提升其劳动的边际生产力。

### 7.2.2　发挥城镇经济的外部性效应，推动农村经济可持续化发展

城镇经济是我国二元经济结构中的发展重点，而可持续化经济发展战略在城镇区域得到了很好的贯彻。可持续化发展战略所表现出的不仅仅是经济发展理念的不同，还表现为产业结构的不同，而城镇化发展正外部性的积极发挥可以有效地推动农村经济可持续发展。

就经济发展理念而言，城镇化进程中城镇经济发展理念会通过正外部性效应改善农村经济区域的经济发展思维，进而通过宏观政府主体、中观产业主体以及微观市场主体优化农村三次产业结构调整。各地区政府应当积极推进农村产业尤其是涉农企业的建设与发展思路，实现合作共赢。同时，应当加强监管、引导和考核，强化地方政府和市场的农业基础意识（杨钧，2013）。

就产业结构优化而言，在农村产业结构的调整过程中，农村地区也在不断承接城镇区域的产业转移，客观上优化了农村三次产业结构的调整。在全球经济不景气和买方市场的背景下，土地、劳动力、资本等生产要素价格的上升挤占着城镇经济区域的利润空间，而要素的趋利性迫使其将产业投入生产成本较低的农村区域，进而形成了农村区域的产业承接机制。承接产业转移是以政府为助力积极推进的经济活动，在经济发展初期，城镇经济区域凭借国家政策、物流、土地、人力资源成本等优势，吸引了大量的要素进入；经过城乡经济的不断融合，城镇经济区域的产业结构、土地和人力资源成本大幅度上升，利润空间越来越小，而农村经济区域在产业发展的相关配套政策和设施方面的相对优势逐渐显现。城镇经济区域的产业开始逐步向农村经济区域转移，农村经济产业结构在不断优化，农村经济可持续化发展进程得以推进。

从实际状况来看，承接产业转移将可能加剧农村生态环境压力，加速农村"空心化"，挤占农业生产资源，加大农业尤其是涉农企业的竞争压力，弱化地方政府的农业基础意识，因此我们在推进城镇化、承接产业转移和优化农村产业结构的过程中应大力发展循环经济推进生态文明建设，科学设计产业布局避免农村空心化，推进农业改革提高农业劳动生产率。

## 7.2.3 借助城镇化发展的规模效应，优化农村产业结构合理布局

要素的产业集聚是形成农村产业结构布局改变的重要路径，而城镇化发展可以通过要素流动引致要素在不同产业的配置和集聚，进而触发产业发展的规模效应，推动农村三次产业结构调整。

首先，地方政府应当根据其自身农村经济区域产业格局，特别是农村传统产业格局，制定城镇化推进的城乡产业发展战略和农村产业发展规划，以此推动外向型经济条件下的农村产业结构调整和经济发展方式，进而充分体现农村经济区域内生产要素结构特点，确保产业布局规划的可持续发展。

其次，要坚持把农业现代化作为城镇化发展进程中产业结构布局调整的重要起点，一方面在调整农村产业结构布局的过程中，要树立土地红线理念，不能削弱农业产业结构在国民经济社会发展过程中的作用；另一方面要注重推进农业现代化，通过农业现代化固本强基，降低农产品生产成本，提升产品质量，释放农村生产要素在推进城镇化进程中的潜力。

最后，要充分利用推进新型城镇化进程的市场资源、信息资源、物流资源等优势，为农业现代化提供人力资源、资金、信息、技术、制度等方面的支持和保障，进而推动高质量的农村产业结构布局。

## 7.2.4 依托城乡经济发展区域效应，差异推进农村产业结构调整

前文的研究结果表明，在不同经济区域，城镇化发展与农村三次产业结构调整的相互影响路径是存在一定差异的。

中西部区域的市场机制不够完善，城镇化发展与农村三次产业结构调整之间的相互促进作用并不显著。因此，在中西部区域城镇化发展的推进过程中不能简单地推进人口城镇化和土地城镇化，而是要充分推进市场环境和机制的完善，积极促进城乡经济融合，以新型城镇化为导向优化农村三次产业结构的调整。

世界各国城镇化发展的经验表明，在城镇化发展的初期，许多国家对城

乡的发展缺少系统规划、法规约束以及有效的经济政策，导致土地资源浪费、环境污染、能源危机等问题，影响了城乡的协调发展，不利于农村三次产业结构的优化调整。农村经济社会发展中，科学合理的产业布局不仅能够推动农村经济的发展，提升区域经济社会发展的竞争力，增强创新发展能力，而且能够提升人力资本的质量，提高生产效率，推动人力资本的优化流动，改善就业环境，推进城乡一体化，从而实现城镇和农村可持续发展。

## 7.3 新型城镇化条件下农业产业结构调整的推进机制

近年来，随着城镇化发展进程的不断加快，越来越多的农用地被占用，农业产业结构逐渐由农业主导向农、林、牧、副、渔业共同发展方向变化。与此同时，随着越来越多的农村人口向城镇集中，农村的劳动力也在逐渐从第一产业向第二、三产业转移。农村产业结构的调整促进了农村工业和现代服务业的发展，有利于城乡统筹的实现，所以在新型城镇化发展的特殊阶段，如何利用新型城镇化的契机促进农业产业结构调整，实现城镇化发展与农业产业结构同步推进，是各区域亟待解决的重要问题。

### 7.3.1 基于城镇经济的正向促进作用，引导农业产业结构的调整

本书第2章得出结论，在农村剩余劳动力转移、资金要素、技术外溢、土地要素等视角下，城镇化发展对农业产业结构调整产生了积极的正向影响。合理利用城镇化发展的正向促进作用，可以有效地引导农业产业结构的优化调整。

在农村剩余劳动力转移方面，通过城镇化发展战略的推进引导农村剩余劳动力向发展相对薄弱的农业部门转移，同时利用农业的剩余劳动力释放促进城镇化的积极发展。在资金要素方面，利用城乡间的资金配置引导农业产业结构调整优化，同时结合"三农"政策的资金倾斜积极推进城镇化发展战略。在技术外溢方面，利用城镇经济的技术优势带动农业技术进步，进而以技术为导向拉动农业产业结构的高级化。

本节着重关注土地要素视角下城镇化发展与农业产业结构调整的合理互

动,重点要分析的是城镇化进程中的土地改革。首先,要推进农地合理流转和规模经营。在城镇化进程中,很多农村人口进入城市,但他们面临着土地使用权是否可以转让、还耕等问题,要解决这一重要问题,需要明晰土地产权,让农民充分享有土地物权。当前各区域应该首先做好宅基地和农地等的登记、确权和发证工作,在此基础上建立科学的农村土地流转市场,探索这些离开农村人口的宅基地和土地的退出和补偿机制,这样才能实现农村土地资源的优化配置。其次,要建立城乡统一的土地市场。以推进农村征地制度、土地产权制度和宅基地有偿退出制度为主要内容的农村土地管理制度为基础,农民可以将土地使用权抵押得到贷款,积极推进城乡建设用地增减挂钩,完善土地利用的动态平衡、调整补偿和增减核查机制,在确保耕地数量不减少的情况下,增加城乡建设用地面积。最后,要集约使用城乡存量土地。在城镇化进程中,一方面要开展农村土地综合整治,统筹安排农用地整治、农村建设用地和产业集聚建设用地,规范推进城乡建设用地增减,另一方面要推进建设用地集约利用,不仅要健全各类建设用地标准体系,建立评估指标,加强土地供应的政策调控,而且要推进存量建设用地集约利用,对闲置建设用地要加大处理力度,促进土地评价和激励机制的完善。

### 7.3.2 基于农业产业结构调整的目标,合理制定城镇化发展策略

西方发达国家的经验告诉我们,高效合理的农业产出体系,会满足如下特征:在农业生产总值的构成上,畜牧业的总产值要大于种植业的总产值,而农产品加工业的总产值要大于种植业与畜牧业总产值之和。因此,地方政府应当在城镇化发展战略中提供平台为农民创造各类有利条件,发展城乡经济融合机制下的农业生产市场引导机构,使得各类初、中级农产品和深加工的农产品能够及时进入流通领域,提高农产品增加值,使得农户能够分享在农产品深加工中的增值。

首先,要根据城镇经济市场需求优化畜牧产品的区域布局。根据区域资源承载能力,明确区域功能定位,充分发挥资源优势,加快各地区产业带建设,形成各具特色的畜牧产品产区。新型城镇化发展较好的地区要利用资金、技术等优势,加快畜牧业和畜产品加工业,形成一批具有竞争优势的龙头企业。

其次，要在新型城镇化建设战略中完善扶持畜牧业发展的各项措施。一是要逐步加大城镇经济中畜牧业产品的投资力度，完善畜牧业基础设施。二是扩大对畜产品加工业发展的财税支持，重点支持畜牧业良种推广、标准化养殖等方面的建设，改善畜牧业生产条件，实行对饲料产品的优惠税收政策，降低生产成本。三是加大对畜产品加工业的金融支持，鼓励各类金融机构对畜牧业贷款，鼓励社会资本参与畜牧业发展，促进多元化融资渠道的形成，引导、鼓励保险公司大力开发畜牧业保险市场，加快畜牧业的政策性试点工作，增强畜牧业抵御市场、疫病风险和自然灾害的能力。

最后，要鼓励畜产品加工企业通过制度创新，向规模化、集团化和产业化方向发展，进一步带动农民增收的能力。要鼓励企业开发多元化的畜牧产品，提高产品附加值，进一步调整畜牧产品的出口结构，实现出口产品的多元化。要明确畜牧业等农产品批发的市场地位，加大政府投入，建设专业化的现代农产品物流基地，提高物流系统的规模化和系统化程度。

### 7.3.3 基于农业产业结构的长期效应，积极促进农业组织化建设

组织化的生产经营方式是推进农业现代化、调整产业结构的重要方面，也是提升农业产业水平、提高产业核心竞争力、增加农民收入的关键所在，更是实现农业产业结构调整对城镇化发展长期影响的重点。农业组织化经营必须通过农业企业来实现。一般而言，农业企业的实体倾向于建在交通方便、基础设施完善、市场较为广阔的城镇，所以农业企业的适度规模和先进的经营方式可以促进城镇化的发展，而城镇化发展反过来可以为农业企业发展提供完善的服务设施。目前，加快农业组织化建设主要从以下四个方面入手：一是政府要做好角色定位，政府在农业生产组织化的过程中，要立足区域经济的发展现状，厘清农业生产组织化的发展思路，避免决策失误和急于求成，特别是在制定农业生产组织化的政策法规过程中，要加大调研力度，力求政策法规的可操作性。二是要完善市场机制建设，要充分尊重农业生产组织化过程中的市场规律，充分把握农业生产组织化在推进农业现代化过程中的重要意义与作用。三是加快农业经营主体转换，做好农业生产用地的集中连片，通过农用地承包经营权的流转，促进农业生产向规模化、企业化、园区化方面发展，产业经济主体向合作经济组织和农业企业转换，进而提高农业生产经营的规模和组织化程度。四是培育区域品牌，优化产业发展组织，根据区

域农业发展的经济基础、技术条件、产业特性等，推进产业发展组织的优化和合作经营。

### 7.3.4 合理推进城镇化发展与农业结构调整的互动协作机制

城镇化发展与农业产业结构调整是相辅相成的，任何一方发展滞后，都会影响另一方的发展。只有充分发挥城镇建设与农业产业之间的良好互动，才能促进农村产业结构的调整，实现新型城镇化的快速发展。首先，农业产业结构调整是城镇化发展的一个重要方面，因为农业产业结构调整使得从事农、林、牧、渔业的劳动力也发生了很大变化，由于农业劳动生产率提高，产生了很多农业剩余劳动力。农业人口和农产品不断向城镇转移，产生了很大的空间集聚和规模效应，为城镇居民的物质文化生活提供了保障，进一步推动了新型城镇化的发展。同时，城镇为农业人口提供了场所，为农产品提供了市场，促进了农业产业结构的优化和农业企业的发展。其次，城镇化作为农业产业结构调整的载体，为农业产业结构调整提供了必要的能源、通信、金融、交通等支持，同时城镇依靠其资金、技术、设施等方面的优势，为农业各产业结构优化创造了条件。最后，城镇化的发展促进了城镇产品和观念流向农村，对农村的生产生活方式产生了重要影响。城镇化发展和农业产业的协调发展可以合理配置城镇和农村资源，提高资源利用率，推进资源优势向经济优势发展，所以城镇化的发展是在城市经济和农村经济的相互影响中完成的，所以充分发挥新型城镇化和农业产业化的互动作用，促进城镇化和农业产业结构的协调发展，是消除城乡二元经济结构，缩小城乡差距的有力举措。

在城镇化进程中，一方面要利用城镇化契机，发展农村的知识密集型产业，可以有效发挥科技人才的作用，将国内外最新科技成果推广到农业生产中来，同时也可以通过这些先进技术，提高企业经济效益。发展知识密集型产业，特别是要发展包括生产性和非生产性的服务业，以此作为农村经济新的增长点，为农村产业结构调整和城镇化的可持续发展提供必要的智力和技术支持。另一方面是要利用城镇化契机，发展生态农业旅游。随着经济发展和城镇化的推进，人们生活水平不断提高，生态环境问题日益凸显，在此情况下，人们越来越倾向生态环保和绿色消费，那么把农业、生态和旅游业结合起来，利用农村生态环境、农业生产活动、田园景观等来吸引游客考察、观赏、体验、度假、购物的新型旅游方式就是农业生态旅游。对于那些拥有特殊资源的地区来说，可以以特色农产品为核心，展开辐射发展模式，具体而言，就是在一个特定区域内，依据所在地区的独特优势，围绕生态农产业及其产业链，实行专业化的经营方式，利用地区丰富生态旅游资源，来发展生态旅游产业，进而促进农村产业结构的调整和升级。

## 7.4 以城镇化促进农业产业规模化及专业化发展的思路与对策

农业产业规模化和专业化是农业现代化的两个重要方面。城镇化发展与农业现代化相辅相成、互相促进。农业现代化为国民经济的发展提供了粮食安全保障，从国家战略层面推进了城镇化的可持续发展。通过农业现代化的推进，可实现土地、劳动力等生产要素的集约利用，为城镇化的推进提供有效的资源供给与保障。城镇化发展为农业现代化的推进提供了人力、资金、科技、信息、物流等资源支撑，城镇化过程中市场的运营模式为农产品的价值实现与提升创造了良好的条件，同时城镇化发展过程中的城镇辐射作用不仅为农村转移劳动力提供就业支撑，还将为缩小城乡收入差距、优化产业结构提供良好的条件保障。为了更好地推动城镇化发展和农业产业规模化发展，有必要利用二者之间相互影响、相互促进的特征，将城镇地区和农村地区当成一个有机的整体，实现城镇化发展和农业产业规模化及专业化更好的发展。

需要说明的是，前文研究中指出，由于受到农业产业专业化固有路径的影响，城镇化发展与农业产业专业化之间不存在显著的相互影响关系，但在政策建议的视角提出推进农业产业专业化发展的策略努力是可行的。

### 7.4.1 完善土地的流转机制，保障农业产业的规模化及产业化

利用城镇化快速发展的良机倒逼农村地区进行土地整治，优化配置土地资源，调整农业生产结构，更合理有效地利用现有农业用地，推动农业产业的规模化发展，实现农业生产效率的提高。城镇化进程的加速，不可避免地引起城镇向城镇郊区蔓延，因此会引起城镇郊区乃至相邻的农村地区地价上升，使得单位土地获得比农业生产更大的经济效益，在农业用地有限的情况

下将倒逼农村在剩下的土地上实现更大的物质产出，实现农业产业规模化的提升。同时，与城镇距离较近的农村地区也更容易形成蔬菜、生鲜等生产加工基地，充分享受城镇的溢出效应，为降低成本和扩大经济收益，实现规模化经营是最有效的途径。因此，城镇化发展的这些特点能够促进农村地区的土地调整，推动农业产业的规模化进程。同时，需要对城镇总体布局进行优化，继续实行严格的耕地保护制度，坚持集约利用土地资源，避免城镇过度向农村蔓延，挤占农村发展空间。如果放任城市向农村的蔓延，一方面，城市范围不断扩大会致使扩大农业生产所需的前期投入成为沉没成本，另一方面，征地的大量补偿也会使得农民没有激励继续在农业生产上投入，郊区农民会对继续从事农业生产的行为带来的经济效应不确定，可能会引起他们无心发展农业生产。

## 7.4.2 发挥城镇经济外溢性，促进农业产业的规模化及专业化

**充分利用城镇化发展带来的人才积累和科技进步优势，加大城镇向农村的反哺力度，加速城镇的技术与科技人员为农村的产业规模化和专业化服务，助力农村实现产业升级，实现普遍机械化生产，增加农民纯收入，促进农村地区更好更快地发展。** 当前形势下，城镇拥有明显的技术优势和人才优势，而这些优势往往受限于地理距离和其他现实条件，较少覆盖到农村地区，如果可以利用城镇的这一巨大优势，将对农业的产业规模化和专业化发展产生巨大的推动力。为此，一方面农村需要加强本身的基础设施建设，包括道路交通和电子信息网络，为承接城镇的技术和人才转移提供必要的硬件条件，同时也应当升级生活设施和公共服务，利用农村地区特有的环境优雅、生活简单等优势吸引城镇人才留下来，至少是"常来"。另一方面，也需要鼓励城镇地区的技术人员和科技公司等主体更加频繁地走向农村，对农业生产进行技术指导等相关支持。对于没有条件实现人才转移的地区，可以利用发达的信息网络系统进行远程指导，实现对农业的全方位支持。

## 7.4.3 优化人力资源的供需，保证农业产业的规模化及专业化

**推动城镇化发展，加速农村剩余劳动力向城市转移，积极推进农民工的市民化。** 改革开放以来，我国农村剩余劳动力不断流入城镇地区，成为我国

改革过程中的巨大红利，为城镇地区的发展做出了巨大的贡献。然而迄今为止，仍然有相当一部分农村劳动力仍未实现完全转移。由于受到户籍制度的限制，大量农民工不得不进行候鸟式迁移，留下老人和小孩在农村老家，使得农民工不能完全扎根城镇，这种劳动力的不完全转移既是城市的损失，也给农村的产业规模化经营制造了阻力。为此，城镇地区需要放松户籍管制，改革户籍制度，城市公共服务逐步向农民工开放，促进农民工的市民化。只有让农民工扎根城镇，成为城镇居民，让人口可以在城镇和农村之间无阻碍地流动，同时允许农村土地的实际性流转，改变现有的土地关系，才能够使得大量的农民脱离土地完全在城镇扎根，在农村的人口则会拥有较大的人均耕种面积，使得农村土地的边际收益得到提高，为农业产业的规模化经营创造条件。在此过程中，要避免工业资本抢占农村土地和西方式的超大农场的出现，影响社会公平，对社会的长期发展造成不利影响。与此同时，推动农业产业规模化的进一步提升，必将释放更多农村富余劳动力，提高农副产品产量，为城镇化发展提供人力资本保证和工业原材料供应，实现城镇化快速发展和农村产业规模提高的良性互动，推动城镇和农村和谐发展。

### 7.4.4 制度革新信息化平台，加速农业产业的规模化及专业化

推进城镇化发展建设，加强基础社会网络的建设，在城镇和农村之间普及互联网，同时组织起相应的官方或者市场组织，及时发布每年农产品的供求信息，调整各地区的农产品产能，借助新型城镇推动农业产业专业化的发展。上文中的研究结果表明，在一个相对较短的时期内，一个地区的农业产业专业化程度很难发生突变，但是可以预见的是，虽然现阶段农业产业专业化程度从整体上来说并不高，且未实现与城镇化发展和农业产业规模化的相互促进，但随着新型城镇的持续推进，我国城镇和农村经济的深入发展，城镇与城镇之间、城镇与乡村之间基础设施网络的进一步完善，运输成本的逐渐降低，农产品需求信息的及时有效传播，必然能够让各个省区充分利用自身比较优势，在保证国家各项农产品产量的前提下，调整区域内部农作物种植情况，实现最大的经济效益，提高农业产业专业化程度，推动农村经济的持续繁荣。

# 研究结论及展望

现阶段，我国城镇和农村产业之间依然存在较为明显的二元结构特征，城乡产业之间的关联性与互补性依然较弱。农业发展和农村产业结构调整主要依靠农村本身，忽视了与中心城镇之间的关联与互补关系。现有农村产业结构调整尚未有效借助城镇化发展的推动力量，也未有效整合城镇和农村二者的优势，农村资源并未得到充分有效利用，不利于新农村建设的大局。因此，探讨城镇化发展与农村产业结构调整之间的相互关系具有重要的理论和现实意义。

本书在对国内外相关研究进行综述分析的基础上，首先对城镇化发展和农村产业结构调整进行了内涵界定和现状分析，并通过理论分析和模型推演阐释了城镇化发展与农村产业结构调整之间的互动机制。随后，本书从城镇经济发展、城镇居民生活、城镇公共服务、城镇基础设施、城镇资源环境以及城乡一体化六个方面构建了评价指标体系，并利用熵值法对我国各省份的城镇化发展水平进行了测度，对其进行时间走势分析、空间探索性分析和子系统协调度分析。之后，本书在对农村产业结构调整进行评价分析的基础上，实证检验了我国城镇化发展与农村产业结构调整之间的相互影响关系：其一，实证检验城镇化发展与农村三次产业结构调整之间的相互影响关系及其区域效应和结构效应。其二，利用空间计量实证分析了城镇化发展及其六个子系统对农业产业结构调整的影响路径及其区域差异，考察了城镇化发展与农业产业结构调整的区域协调性，实证检验了农业产业结构调整对城镇化发展的短期和长期影响效应。其三，利用 VAR 模型、脉冲效应、方差分解及格兰杰因果检验讨论了城镇化发展与农业产业规模化及专业化之间的相互关系。最后，基于已有研究结论，本书提出城镇化发展条件下我国农村产业结构调整的政策建议。

本书得到的主要研究结论如下：

第一，城镇化发展是由农业为主的传统乡村社会向以工业和服务业为主的现代城市社会逐渐转变的动态过程，涉及经济发展、居民生活、公共服务、基础设施、资源环境、城乡一体化等诸多方面。目前，我国及各个区域的城镇化水平都在不断提升，且已经进入了快速发展阶段。我国城镇化发展呈现了显著的空间差异性，经济发达地区的城镇化水平要显著高于经济欠发达地区，相邻省域之间的城镇化发展水平存在显著的空间依赖性。就城镇化发展各子系统的协调度而言，全国及各区域的协调度在不断提升，但整体协调程度还相对较低，且在空间上形成了东部地区较高、中西部地区较低的格局。

第二，农村产业结构调整既体现在农村经济区域三次产业结构间的调整上，也反映在农业产业的自身发展上，而农业自身的发展表现为农业产业结构调整和农业产业规模化及专业化两个方面。改革开放以来，我国农业产业结构在不断优化调整，而除具有固定演化路径的农业产业专业化外，其调整过程具有显著的区域特性。

第三，在农村剩余劳动力转移、规模效应和外部性效应等机制的作用下，城镇化发展对农村第一、二产业占比的影响路径是"倒U型"的，而其对农村第三产业占比的影响路径是"U型"的；反之，农村第一、二产业占比对城镇化发展的影响路径是"U型"的，而农村第三产业占比对城镇化发展的影响路径是"倒U型"的。这些互动影响机制在不同经济区域呈现一定的差异性。就结构效应而言，经济发展城镇化起主导作用。

第四，在正向和负向的双重效应作用下，适度的城镇化发展可以加速农业产业结构的优化调整，过度的城镇化发展不利于推动农业产业结构的优化调整。农业产业结构的调整是一个缓慢的长期动态进程，农业产业结构调整对城镇化发展的短期效应并不显著。在供给与需求、生产要素和可持续发展等理论路径下，农业产业结构调整对城镇化发展产生了长期的影响效应。

第五，在土地集约利用、生产组织方式转变和区域间劳动力转移等理论路径下，我国城镇化发展与农业产业规模化之间呈现显著的相互影响关系。然而，由于受到农业产业专业化固有发展路径的影响，我国城镇化发展与农业产业专业化之间的相互影响关系并不显著。

本书系统提出了新型城镇化条件下促进我国农村产业结构调整的政策建议。在农村三次产业结构调整方面，应当利用城乡经济要素流动效应、发挥城镇经济的外部性效应、凭借城镇化发展的规模效应、依据城乡经济发展区域效应，差异化地推进农村产业结构的优化调整。在农业产业结构调整方面，应当基于城镇经济的正向促进作用引导农业产业结构的调整，基于农业产业结构调整的目标合理制定城镇化发展策略，基于农业产业结构的长期效应积极促进农业组织化建设，同时应合理推进城镇化发展与农业结构调整的互动协作机制。在农业产业规模化及专业化方面，应当完善土地的流转机制保障农业产业的规模化及产业化，发挥城镇经济外溢性促进农业产业的规模化及专业化，优化人力资源的供需保证农业产业的规模化及专业化，制度革新信息化平台加速农业产业的规模化及专业化。

本书较为系统地考察了城镇化发展和农村产业结构调整的现状，分析了城镇化发展与农村三次产业结构调整，与农业产业结构调整，与农业生产的规模化及专业化之间的相互影响关系，并提出了借力城镇化推动农村产业结构调整的相关政策建议，为我国新农村建设和农村产业结构的调整提供了一定的理论参考。当然，受到各种因素的限制，本书从城镇化发展和农村产业结构调整两个方面来研究农村经济问题，仅是一家之言，依然需要和国内外学者进行理论碰撞，从而更好地理解农村问题。此外，本书的研究在以下方面存在一定不足，有待进一步完善。

首先，受到数据采集的限制，本书的研究对象确定为我国2003—2013年各个省级行政区，没有进一步细化到地级市、县城甚至是更为微观具体的行政单元，这一选择可能会忽视各个省级行政区域内部的异质性，对研究的针对性可能会产生一定的影响。

其次，本书研究样本时间界限仅仅为2003—2013年，和改革开放以来甚至新中国成立后到当前这段时间相比，这是一个相对较短的时间范围。在21世纪的这十几年中，虽然我国各地区的城镇化发展程度和农村产业结构调整均经历了巨大的变革，但是不得不承认，考虑到我国从计划经济到市场经济的转变和市场经济确立之初的特殊时间节点，此段研究的典型性并不是足够充分的。

最后，虽然作者对于我国部分地区新型城镇化以及农村产业结构调整的现实情况有着比较直观的感受，但是由于受到各类主客观条件的限制，本书的研究未能就城镇化发展和农村产业结构调整问题选取具体的观察区域进行实地调研，获得更为细致具体的、在全国范围内又有一定代表性的地方实际经验，不得不说是一大遗憾。

鉴于此，作者进一步的研究将从以下几个方面入手：一是在数据的采集方面，虽然受到我国数据收集的现实条件限制，但也应当寻找合适的替代指标，将数据年限扩展到改革开放以来的40多年时间，以便在一个更长的时间期限内寻找城镇化发展和农村产业结构调整的客观规律及相互影响。二是在研究的对象区域方面，尽量将研究对象进一步具体到地级市层面，深入考虑各个省级行政区内部的异质性问题，更为准确和全面地分析城镇化发展与农村产业结构调整两方面的内容。三是尽可能创造条件，选取我国某个具有普遍代表性的具体区域，对该区域城镇化发展和农村产业结构调整的历史和现状深入了解，并跟踪二者的发展进度，从特殊到一般，总结出来自这一地区的发展经验，更好地服务全国的新农村建设大局。

# 参考文献

[1] Guy Routh. The Origin of Economic Ideas [M]. London: Macmillan. 1989.

[2] Kuznets S. Economic growth and income inequality [J]. The American economic review, 1955, 45 (1): 1-28.

[3] Schultz T W. Reflections on agricultural production, output and supply [J]. Journal of Farm Economics, 1956, 38 (3): 748-762.

[4] Simon S. Kuznets. Economic growth of nations: total output and production structure [M]. USA: Harvard University press, 1971: 100-215.

[5] Schultz T W. Transforming traditional agriculture [J]. Transforming traditional agriculture, 1964.

[6] 刘朝明. 中外农村产业结构比较研究 [M]. 北京: 中国社会科学出版社, 1992.

[7] 李炳坤. 推进农业产业结构的战略性调整 [J]. 农业经济问题, 2000 (3): 2-9.

[8] 周开忠. 立足结构调整优化农业发展 [J]. 农业经济问题, 2000, 21 (1): 9-11.

[9] 柯炳生. 对推进我国基本实现农业现代化的几点认识 [J]. 中国农村经济, 2000 (9): 4-8.

[10] 倪峰. 对当前农业结构战略性调整的几个基本问题的认识 [J]. 农业经济问题, 2000, 21 (11): 28-34.

[11] 牛凯. 中国农村产业结构调整对农村经济增长影响的实证研究 [J]. 浙江农业学报, 2012, 24 (1): 150-157.

[12] 姜松, 王钊, 周宁. 西部地区农业现代化演进、个案解析与现实选择 [J]. 农业经济问题, 2015 (1): 30-37.

[13] 李益敏, 张丽香, 王金花. 资源环境约束下的怒江州农业产业结构

调整研究 [J]. 生态经济, 2015, 31 (2): 117-120.

[14] Lewis W A. Economic development with unlimited supplies of labour [J]. The Manchester School, 1954, 22 (2): 139-191.

[15] (美) 阿瑟·刘易斯. 二元经济论 [M]. 北京: 北京经济学院出版社, 1989: 1-26.

[16] Ranis G, Fei J C H. A theory of economic development [J]. The American Economic Review, 1961: 533-565.

[17] Jorgenson D W. The development of a dual economy [J]. The Economic Journal, 1961, 71 (282): 309-334.

[18] Harris J R, Todaro M P. Migration, unemployment and development: a two-sector analysis [J]. The American Economic Review, 1970, 60 (1): 126-142.

[19] Myrdal, Gunnar, and Paul Sitohang. [M]. Economic theory and underdeveloped regions, 1957.

[20] McGee T G. The emergence of desakota regions in Asia: expanding a hypothesis [J]. The extended metropolis: Settlement transition in Asia, 1991: 3-25.

[21] 王艳飞, 刘彦随, 李裕瑞. 环渤海地区城镇化与农村协调发展的时空特征 [J]. 地理研究, 2015, 01: 122-130.

[22] 李文. 城市化滞后的经济后果分析 [J]. 中国社会科学, 2001 (4): 64-75.

[23] 张晓山. 关于社会主义新农村建设几个理论与实践问题的初步探索 [J]. 调研世界, 2006 (9): 3-6.

[24] 林毅夫. 关于社会主义新农村建设的几点建议 [J]. 北方经济, 2006 (3): 5-6.

[25] 许经勇. 建设社会主义新农村"新"在哪里？[J]. 调研世界, 2006 (3): 35.

[26] 郑新立. 关于建设社会主义新农村的几个问题 [J]. 农业经济问题, 2006 (1): 11-15.

[27] 陈锡文. 关于建设社会主义新农村的若干问题 [J]. 理论前沿, 2007 (1): 5-10.

[28] 张晓山. 全面深化改革, 构建新型城乡关系——从社会主义新农村

建设到新型城镇化 [J]. 学习与探索, 2014 (1): 86-100.

[29] 孙正林, 王立民. 基于村庄演化视角的城镇化与新农村建设关系分析 [J]. 学习与探索, 2015 (1): 117-120.

[30] 李仙娥, 王春艳. 国外农村剩余劳动力转移模式的比较 [J]. 中国农村经济, 2004 (5): 69-75.

[31] 李勋来, 李国平. 农村劳动力转移模型及实证分析 [J]. 财经研究, 2005, 31 (6): 78-85.

[32] 蔡昉, 都阳. 迁移的双重动因及其政策含义——检验相对贫困假说 [J]. 中国人口科学, 2002 (4): 1-7.

[33] 朱哲学, 吴昱南. 新型城镇化背景下农村劳动力转移实证分析 [J]. 学习与实践, 2013, 10: 56-64.

[34] 刘雪梅. 新型城镇化进程中农村劳动力转移就业政策研究 [J]. 宏观经济研究, 2014, 02: 81-86+136.

[35] 何训坤. 积极推进农村城镇化与农业产业化的协同发展 [J]. 农业技术经济, 2002 (6): 9-11.

[36] 马彦梅. 对加快兵团农业科技成果产业化发展的思考 [J]. 兵团党校学报, 2003 (2): 36-38.

[37] 郝良峰, 徐和平. 贵州省城镇化、工业化与农业产业化协调发展研究 [J]. 贵阳市委党校学报, 2013 (3): 1-5.

[38] 沈山, 郭黎霞, 林炳耀. 农村城镇化与农业产业化的协同发展模式及区域发展策略 [J]. 徐州师范大学学报: 哲学社会科学版, 2004, 30 (3): 132-136.

[39] 阳立高, 廖进中. 城镇化、工业化与农业产业化经济拉动作用分析 [J]. 经济问题探索, 2009 (3): 163-168.

[40] 李静, 高继宏. 新疆城镇化与绿洲农业产业化协调发展关系的实证研究——基于VAR模型的计量分析 [J]. 华东经济管理, 2013 (7): 72-78.

[41] 颜海林, 吴米桂. 工业化、城镇化与农业产业化协同推进的思考与建议 [J]. 科技创业月刊, 2005 (11): 11-12.

[42] 黄晋太, 郭丽娟. 农村城镇化与农业产业化——中国现代化的终极目标 [J]. 太原理工大学学报: 社会科学版, 2013, 31 (2): 1-5.

[43] 王华. 农村产业结构调整中的城镇化建设 [J]. 西南民族大学学报: 人文社科版, 2014 (12): 121-126.

[44] 王景新. 我国农村发展新阶段：村域城镇化 [J]. 中国农村经济，2015 (10)：4-14.

[45] Bairoch P, Batou J, Chevre P. The population of European cities [J]. Data bank and short summary of results：1800-1850. 1988.

[46] 霍利斯·钱纳里，莫伊思·赛尔昆. 发展的型式（中译本）[M]. 北京：经济科学出版社，1998.

[47] Walker R. Industry builds the city：The suburbanization of manufacturing in the San Francisco Bay Area, 1850-1940 [J]. Journal of Historical Geography, 2001, 27 (1)：36-57.

[48] Kuznets S. Population trends and modern economic growth—notes towards a historical perspective [J]. 1975.

[49] Moir H. Relationships between urbanization levels and the industrial structure of the labor force [J]. Economic Development and Cultural Change, 1976, 25 (1)：123-135.

[50] McMillen D P, McDonald J F. Urban land value functions with endogenous zoning [J]. Journal of Urban Economics, 1991, 29 (1)：14-27.

[51] Swyngedouw E, Moulaert F, Rodriguez A. Neoliberal urbanization in Europe：large-scale urban development projects and the new urban policy [J]. Antipode, 2002, 34 (3)：542-577.

[52] Moomaw R L, Shatter A M. Urbanization and economic development：a bias toward large cities? [J]. Journal of Urban Economics, 1996, 40 (1)：13-37.

[53] Gwynne RN. Industrialization and urbanization [J]. Latin American Development：Geographical Perspectives, 1996：216.

[54] Hermelin B. The urbanization and suburbanization of the service economy：producer services and specialization in Stockholm [J]. Geografiska Annaler：Series B, Human Geography, 2007, 89 (s1)：59-74.

[55] Young D. Employment protection legislation：its economic impact and the case for reform [J]. Economic papers, 2003 (186)：1-48.

[56] Bosworth B, Collins S M. United States-China trade：where are the exports? [J]. Journal of Chinese Economic and Business Studies, 2008, 6 (1)：1-21.

[57] Brandt L, Hsieh C T, Zhu X. Growth and structural transformation in China [J]. China's great economic transformation, 2008: 683-728.

[58] McMillan M S, Rodrik D. Globalization, structural change and productivity growth [R]. National Bureau of Economic Research, 2011.

[59] Singelmann J. From agriculture to services: The transformation of industrial employment [M]. Sage Publications, 1978.

[60] Davis J C, Henderson J V. Evidence on the political economy of the urbanization process [J]. Journal of urban economics, 2003, 53 (1): 98-125.

[61] Harris J R, Todaro M P. Migration, unemployment and development: a two-sector analysis [J]. The American economic review, 1970, 60 (1): 126-142.

[62] Hansen G D, Prescott E C. Malthus to solow [J]. The American Economic Review, 2002, 92 (4): 1205-1217.

[63] Lucas R E. Life Earnings and Rural-Urban Migration [J]. Journal of Political Economy, 2004, 112 (S1): 29.

[64] Murata Y. Rural-urban interdependence and industrialization [J]. Journal of Development Economics, 2002, 68 (1): 1-34.

[65] Gollin, D., Parente, S., & Rogerson, R. The Role of Agriculture in Development [J]. The American Economic Review, 2002, 92 (2), 160-164.

[66] Nunn N, Qian N. The potato's contribution to population and urbanization: evidence from a historical experiment [J]. Quarterly Journal of Economics, 2011, 126 (2): 593-650.

[67] Black D, Henderson V. Spatial Evolution of Population and Industry in the United States [J]. American Economic Review, 1999, 89 (2): 321-327.

[68] Garza G. Global economy, metropolitan dynamics and urban policies in Mexico [J]. Cities, 1999, 16 (3): 149-170.

[69] 姜爱林. 21世纪初我国城镇化发展的战略思考 [J]. 经济纵横, 2001 (6): 36-39.

[70] 陈明艺. 城市化与农民工人养老保障制度的联动效应 [J]. 浙江工商大学学报, 2005 (2): 72-76.

[71] 尹鹏, 李诚固, 陈才, 段佩利. 新型城镇化情境下人口城镇化与基本公共服务关系研究——以吉林省为例 [J]. 经济地理, 2015, 01: 61-67.

[72] 李森圣, 张宗益. 人口城镇化与基础设施建设协调性检验——空间效率异质性视角 [J]. 山西财经大学学报, 2015, 03: 60-69.

[73] 刘传江, 张辉, 黄云平. 中西部农村剩余劳动力转移与城镇化 [J]. 经济评论, 2004 (6): 39-43.

[74] 刘伟, 张辉. 中国经济增长中的产业结构变迁和技术进步 [J]. 经济研究, 2008, 11: 4-15.

[75] 苗丽安, 韩静轩, 刘金国. 山东农村产业结构灰色关联与GM (1, 1) 模型研究 [J]. 数量经济技术经济研究, 2003, 03: 155-159.

[76] 郭丹, 谷洪波, 尹宏文. 基于农村产业结构调整的我国农村劳动力就业分析 [J]. 中国软科学, 2010, 01: 18-24.

[77] 宋德军. 中国农业产业结构优化与科技创新耦合性评价 [J]. 科学学研究, 2013, 02: 191-200.

[78] 罗元青, 王家能. 对我国农业产业组织形式创新的思考——基于分工与专业化视角 [J]. 农村经济, 2008, 06: 34-36.

[79] 郑凤田, 程郁. 从农业产业化到农业产业区——竞争型农业产业化发展的可行性分析 [J]. 管理世界, 2005, 07: 64-73+93.

[80] 陈林, 龙自云. 规模化生产: 中国农业的产业转型对策 [J]. 山西财经大学学报, 2010, 03: 75-80.

[81] 李亦楠, 邱红. 新型城镇化过程中农村剩余劳动力转移就业研究 [J]. 人口学刊, 2014, 06: 75-80.

[82] 柯福艳, 顾益康. 工业化、城镇化、农业现代化同步发展: 障碍因素、长效机制与改革举措 [J]. 农村经济, 2013, 01: 42-46.

[83] "城镇化进程中农村劳动力转移问题研究" 课题组, 张红宇. 城镇化进程中农村劳动力转移: 战略抉择和政策思路 [J]. 中国农村经济, 2011, 06: 4-14+25.

[84] 曹俊杰, 刘丽娟. 新型城镇化与农业现代化协调发展问题及对策研究 [J]. 经济纵横, 2014, 10: 12-15.

[85] 张益丰, 刘东. 谁能成为现代化农业建设的中坚力量——论适度规模化农业生产与保障机制的实施 [J]. 中央财经大学学报, 2012, 11: 56-62+67.

[86] 范德成, 王韶华. 农村劳动力转移视角下的农业规模化经营促进城镇化的作用研究 [J]. 经济体制改革, 2011, 06: 81-84.

[87] 崔传斌，王开盛．农村劳动力转移与农业规模化经营——以陕西省铜川市烟叶生产农场化为例［J］．农业经济问题，2008，04：46－50．

[88] 刘志扬．美国农业专业化的发展成因与启示［J］．经济与管理研究，2003，03：19－23．

[89] 姚文戈，滕代娣．农业产业化发展阶段的实证分析［J］．当代经济研究，2005，06：56－58．

[90] 赫希．城市经济学［M］．北京：中国社会科学出版社，1990．

[91] 伊利英．城市经济学［M］．北京：中国建筑工业出版社，1987．

[92] 许学强，周一星，宁越敏．北京：城市地理学［M］．高等教育出版社，1997．

[93] Hagerstrand T. Innovation diffusion as a spatial process［M］．University of Chicago Press，1967．

[94] Perroux F. Economic space：theory and applications［J］．The Quarterly Journal of Economics，1950，64（1）：89－104．

[95] Friedman J R. Regional development policy：a case study of Venezuela［M］．Cambridge：MIT Press，1966．

[96] McGee T G. The emergence of desakota regions in Asia：expanding a hypothesis［M］．University of Hawaii Press，1991．

[97] Weber C，Puissant A. Urbanization pressure and modeling of urban growth：example of the Tunis Metropolitan Area［J］．Remote Sensing of Environment，2003，86（3）：341－352．

[98] Burak S，Dogan E，Gazioglu C. Impact of urbanization and tourism on coastal environment［J］．Ocean & Coastal Management，2004，47（9）：515－527．

[99] 辜胜阻，李正友．中国自下而上城镇化的制度分析［J］．中国社会科学，1998，（2）：60－70．

[100] 杨波，朱道才，景治中．城市化的阶段特征与我国城市化道路的选择［J］．上海经济研究，2006（2）：34－39．

[101] 简新华，黄锟．中国城镇化水平和速度的实证分析与前景预测［J］．经济研究，2010（3）：28－39．

[102] 柳思维．中国区域经济发展趋势与总体战略［M］．长沙：湖南人民出版社，2012．

[103] 罗能生,李佳佳,罗富政. 中国城镇化进程与区域生态效率关系的实证研究[J]. 中国人口·资源与环境, 2013, 23 (11): 53-60.

[104] 王伟进,陆杰华. 城市化水平的空间依赖研究[J]. 中国人口科学, 2012 (5): 66-74.

[105] 李波,张吉献. 基于 ESDA 的中原经济区城镇化的空间关联研究[J]. 现代城市研究, 2013 (4): 96-99.

[106] 陈强. 高级计量经济学及 Stata 应用[M]. 高等教育出版社, 2010.

[107] 廖重斌. 环境与经济协调发展的定量评判及其分类体系——以珠江三角洲城市群为例[J]. 广州环境科学, 1996 (1): 171-177.

[108] 牛凯. 我国农村产业结构偏离对农村经济增长影响的实证分析[J]. 中国农业大学学报, 2012, 01: 182-188.

[109] Luisito Bertinelli & Benteng Zou. Does Urbanization Foster Human Capital Accumulation [J]. The Journal of Developing Areas, 2008, 41 (2): 171-182.

[110] Kolko J. Urbanization, agglomeration and coagglomeration of service industries [M]. Chicago: University of Chicago Press, 2010.

[111] Michaels G, Rauch F, Redding SJ. Urbanization and Structural Transformation [J]. The Quarterly Journal of Economics, 2012, 127 (2): 535-586.

[112] 蓝庆新,陈超凡. 新型城镇化推动产业结构升级了吗?——基于中国省级面板数据的空间计量研究[J]. 财经研究, 2013, 12: 57-71.

[113] 张宗益,伍焓熙. 新型城镇化对产业结构升级的影响效应分析[J]. 工业技术经济, 2015, 05: 101-109.

[114] Hope K R. Urbanization and Urban Growth in Africa [J]. Journal of Asian and African Studies. 1998, 33 (4): 345-358.

[115] Farhana K M, Rahman S A, Rahman M. Factors of migration in urban Bangladesh: An empirical study of poor migrants in Rajshahi city [J]. Bangladesh e-Journal of Sociology. 2012, 9 (1): 63-86.

[116] 崔宇明,李玫,赵亚辉. 城镇化进程、农业结构调整与农业产业发展优先序——基于山东省面板数据的实证分析[J]. 华东经济管理, 2013, 06: 13-20.

[117] Pandy S M. Nature and Determinants of Urbanization in a Developing

Economy: The Case of India [J]. Economic Development and Cultural Change, 1997, (25).

[118] Davis J C, Henderson J V. Evidence on the Political Economy of the Urbanization Process [J]. Journal of Urban Economics, 2003, (53).

[119] Gilbert A, Gugler J. Cities, poverty and development [M]. Oxford: Oxford University Press, 1982, 21.

[120] Moomaw RL, Shatter AM. Urbanization and Economic Development: Abias toward Large Cities [J]. Journal of Urban Economic, 1996, 40: 13 - 37.

[121] Markus Bruckner. Economic growth, size of the agricultural sector and urbanization in Africa [J]. Journal of Urban Economies, 2012, 1: 20 - 36.

[122] 曾湘泉, 陈力闻, 杨玉梅. 城镇化、产业结构与农村劳动力转移吸纳效率 [J]. 中国人民大学学报, 2013, 04: 36 - 46.

[123] 王曦, 陈中飞. 中国城镇化水平的决定因素: 基于国际经验 [J]. 世界经济, 2015, 06: 167 - 192.

[124] 徐光平, 景建军. 产业结构演进与城镇化水平的关联效应分析——以山东省为例 [J]. 东岳论丛, 2015, 07: 130 - 134.

[125] 杨森平, 唐芬芬, 吴栩. 我国城乡收入差距与城镇化率的"倒U"关系研究 [J]. 管理评论, 2015, 11: 3 - 10.

[126] 王琴梅, 杨军鸽. 农业现代化推动新型城镇化的效应分析——以陕西省为例 [J]. 陕西师范大学学报 (哲学社会科学版), 2014, 05: 140 - 147.

[127] 肖卫东. 中国农业生产地区专业化的特征及变化趋势. 经济地理, 2013, 33 (9): 120 - 127.

[128] 樊福卓. 地区专业化的度量 [J]. 经济研究, 2007, 09: 71 - 83.

[129] 苏发金. 工业化、城镇化与农业现代化: 基于 VAR 模型的分析 [J]. 统计与决策, 2012, 11: 147 - 150.

[130] 夏春萍, 刘文清. 农业现代化与城镇化、工业化协调发展关系的实证研究——基于 VAR 模型的计量分析 [J]. 农业技术经济, 2012, 05: 79 - 85.

[131] 毛智勇, 李志萌, 杨志诚. 我国工业化、城镇化、农业现代化协调度测评及比较 [J]. 江西社会科学, 2013, 07: 45 - 50.

[132] 夏显力, 郝晶辉. 陕西省工业化、城镇化与农业现代化互动关系的实证研究 [J]. 华中农业大学学报 (社会科学版), 2013, 01: 19 - 24.

[133] 张勇民，梁世夫，郭超然. 民族地区农业现代化与新型城镇化协调发展研究 [J]. 农业经济问题，2014，10：87-94+111-112.

[134] 韩国明，张恒铭. 我国新型城镇化与农业现代化协调发展空间分布差异研究 [J]. 吉林大学社会科学学报，2015，05：36-46+172.

[135] Love I, Zicchino L. Financial development and dynamic investment behavior: Evidence from panel VAR. The Quarterly Review of Economics and Finance, 2006, 46 (2): 190-210.

[136] 吴福象，沈浩平. 新型城镇化、创新要素空间集聚与城市群产业发展 [J]. 中南财经政法大学学报，2013，04：36-42+159.

[137] 杨钧. 承接产业转移对农业可持续发展冲击及对策研究——以河南省为例 [J]. 东北师大学报（哲学社会科学版），2013，03：50-53.

# 附录　主持或参与的科研项目

[1] 主持河南省政府决策研究招标课题"河南省农产品供应链管理的整合研究"（项目编号：2012B575），已结项。

[2] 主持河南省软科学研究项目"基于供应链的河南农业产业升级研究"（项目编号：142400410629），已结项。

[3] 主持河南省政府决策研究招标课题"构建河南省适应流动性异地养老的社会保障服务体系研究"（项目编号：2015B339），已结项。

[4] 主持河南省教育厅科学技术研究重点项目"构建河南省绿色农业产业集群问题研究"（项目编号：15A790021），在研。

[5] 主持河南省社科规划年度项目"城镇化进程中的农业供给侧结构性改革问题研究"（项目编号：2017BJJ048），在研。

[6] 参与国家社科重大项目"推进我国区域经济、政治、社会、文化及生态协同发展研究"（项目编号：11&ZD012），已结项。

[7] 参与国家社科重大项目"交通污染排放的社会外部性及其对公共健康的影响研究"（项目编号：17ZDA081），在研。

# 后　记

　　本书是作者近 8 年研究成果的汇总，在 8 年的研究工作和本书的撰写和完成过程中，得到了很多领导、老师、同事、朋友及家人的帮助和支持，感恩之心，永远铭记。

　　清晰记得，2012 年，9 月的长沙，温润清雅，郁郁葱葱，充满着生机与活力。这一年，我来到了我追逐 3 年的母校——湖南大学。在这里，我遇到了我敬爱的老师和亲爱的同学们，收获了亲情与友情。虽然 4 年多的研究生学习生涯早已结束，但在读期间的学习生活经历使我受益终生。母校"实事求是，敢为人先"的校训激励了我的成长，恩师"求真求新，至精致用，养德修业，成才成人"的师训引导了我的奋进，使我更坚定我的人生准则：对国家尽忠，对父母尽孝，对妻子尽爱，对亲友尽义，对事业尽责。在本书即将完成之际，对这些年来陪伴我的恩师、同学、同事、朋友、家人表示衷心的感谢！

　　深深地感谢我的导师罗能生教授和师母周桂凤教授！恩师在学术方面给了我许多指导，引领我走向学术的殿堂。恩师品德高洁，博学睿智，治学严谨，为人谦和，做事低调，其深刻的学术思想，深厚的学术功力，把握学科前沿的敏锐洞察力，科学的育人理念，求真务实的工作作风，深深地感动、激励着我的成长。刚入校时，我对恩师讲到我的基础不是很好，对未来的学业感到紧张和迷茫。恩师对我讲，"做学问要下苦功夫，多读书，多思考，要沉下去，不要浮躁，功到自然成"。4 年多来，恩师对我的研究课题、学术论文、总结报告等都是逐字逐句修改，很多邮件都是凌晨时间回复。恩师不仅指导我的学业，在做人方面也对我悉心教导，他经常对我讲,"人的品德比学术更加重要,你年轻,又在单位重要岗位,要严格要求自己,要比别人有更高标准"。恩师深深地热爱着教育事业和他的每一个学生,他曾讲到"你们这些学生就是我最大的价值所在"。一直以来,我牢牢铭记恩师的教诲,是他德高为师、行为世范的高尚品行给了我榜样的力量,我已把恩师的教诲内化为我成长的动力,严于律己,养德修业,努力成长。寥寥数语不足以表达我此刻内心深处对恩师的仰慕和感激,在此谨向恩师和师母致以最诚挚的谢意和最崇高的敬意!

在攻读博士学位期间,还得到了经贸学院李松龄教授、张亚斌教授、郭平教授、柯善咨教授、刘辉煌教授、许和连教授、陈乐一教授、王良健教授、祝树金教授、李淑副教授、谢里副教授、何鸣副教授和陶娟老师、张文静老师、范子杰老师、曾婧老师以及经贸学院其他老师的热心指导和帮助!感谢中南大学商学院胡振华教授的悉心指导,感谢洪联英、许抄军、曾克强等师兄师姐,感谢罗富政、雷韵、王腾飞、彭郁、李佳佳等师弟师妹;同时感谢李子豪、赵德昭、赵玉奇、金培振、彭冲、邓玉萍等同学给予的支持与帮助,与大家共同度过的学习时光永远是那么令人眷恋,互进共勉、谈笑风生、风雨同舟的学习生活让我在求学路上真切地感受到情谊的真挚和友谊的甘醇。

感谢学校领导在我求学过程中给予的帮助,感谢我的同事们在学习、生活以及工作中给予的支持,感谢我的学生与我共同成长。

还要感谢我的父母及亲友,我的爱人,还有我幼小的女儿,感谢父母给予我生命和无私的爱,感谢亲友对我的支持和帮助,感谢爱人为我辛苦的付出和细腻的关怀,感谢女儿带给我的快乐和成长的动力。

杨钧

2019 年 10 月

于河南新乡